非均衡的中国经济

厉以宁　著

中国大百科全书出版社

图书在版编目（CIP 数据）

非均衡的中国经济/厉以宁著．—2 版．—北京：中国大百科全书出版社，2014.11

ISBN 978-7-5000-9460-9

Ⅰ.①非…　Ⅱ.①厉…　Ⅲ.①中国经济—研究
Ⅳ.①F12

中国版本图书馆 CIP 数据核字（2014）第 255678 号

策 划 人　郭银星
责任编辑　郭银星
责任印制　魏　婷
出版发行　中国大百科全书出版社
地　　址　北京阜成门北大街 17 号　　邮政编码：　100037
电　　话　010-88390969
网　　址　http：//www.ecph.com.cn
印　　刷　北京佳信达欣艺术印刷有限公司
开　　本　787×1092 毫米　　1/16
印　　张　16.75
字　　数　198 千字
印　　次　2015 年 1 月第 2 版　　2015 年 1 月第 1 次印刷
书　　号　ISBN 978-7-5000-9460-9
定　　价　48.00 元

前言

如果有人问我："在你撰写过的若干本关于当前中国经济的著作中，你认为最能反映自己的学术观点的是哪一本书？"我将这样回答他："这就是摆在我们面前的这本《非均衡的中国经济》。"为什么我作出这样的答复？我是有所考虑的。在我已经出版的著作中：

《体制·目标·人：经济学面临的挑战》（黑龙江人民出版社 1986 年版）是一部比较经济研究的著作。尽管其中有相当多的篇幅讨论了中国经济问题，并且提出了研究社会主义经济理论的方法，但它毕竟不是关于当前中国经济的专著。

《社会主义政治经济学》（商务印书馆 1986 年版）是一本教科书。它表述了我的经济理论体系，但书中较少涉及现实中的经济问题。更重要的是，它是为社会主义政治经济学的初学者而写的，它不可能就某些经济理论问题进行较深层次的剖析。当然，就个人的经济理论体系的表述而言，我认为该书是最完整、最系统的。

《经济体制改革的探索》（人民日报出版社 1987 年版）专就公有制基础上的股份制、控股制和企业集团问题作了论述，而并未涉及其他问题。

《国民经济管理学》（河北人民出版社 1988 年版）也是

一本教科书。它主要从近期、中期、长期的角度阐释了国民经济管理的原则和政策措施。但由于教科书有教科书的任务，所以有关非均衡领域内的深层次问题不可能在书中有充分的论述。

《中国经济改革的思路》（中国展望出版社 1989 年版）集中反映了我为中国经济体制改革所设计的总体方案，包括改革的主线、配套措施和实施步骤，但它并不是一本关于非均衡的理论著作。

《中国经济往何处去》（香港商务印书馆 1989 年版）是我 1989 年年初在香港的演讲集。它是针对着中国经济改革的若干具体问题而阐发的。在承包制如何向股份制过渡、国营大中型企业为什么不能实行私有化、国有资产如何管理等问题上，书中都有较详细的论述，但它仍然没有就中国经济的非均衡状态进行系统的分析。

现在摆在读者面前的这本《非均衡的中国经济》与上述这些著作有以下三个重要的区别。第一，它是一本学术专著，而不是专为大学生而写的教科书；虽然我的分析以《社会主义政治经济学》和《国民经济管理学》中已阐述的原理作为出发点，但对非均衡经济的理论分析要比那两部教科书中所阐述的要深入得多。第二，它的重点是现阶段的中国经济，而不像《体制・目标・人》那样以比较经济研究作为重点。第三，它的理论性很突出，即主要从非均衡经济的特征着手分析，以说明资源配置失调、产业结构扭曲、制度创新的变型等现象的深层次原因，而不像《经济体制改革的探索》、《中国经济改革的思路》、《中国经济往何处去》那三本书那样把中国经济的非均衡状态作为既定的前提，从而直接探讨中国经济改革的具体方案的制定。正因为如此，所以我把这本《非均衡的中国经济》视为最能反映我关于当前中国经济的学术观点的著作。

在本书中，我自己感到具有特色的是这样八方面的分析：

（1）经济的非均衡有两类。第一类非均衡指市场不完善条件下的非均衡，第二类非均衡指市场不完善以及企业缺乏利益约束和预算约束条件下的非均衡。当前中国经济处于第二类非均衡状态中。我们应当力求使经济先由第二类非均衡过渡到第一类非均衡，然后再使第一类非均衡中的非均衡程度逐渐缩小。

（2）在非均衡条件下，社会主义经济中有可能发生"滞胀"。"胀"分两类：公开的"胀"和隐蔽的"胀"（指表面上物价未变，实际上有价无货）。"滞"也分两类：公开的"滞"和隐蔽的"滞"（指表面上总产值增长，实际上有效供给并未增加）。于是"滞胀"可能有四种不同的组合方式。为了防止和治理"滞胀"，必须根据具体的情况选择相应的措施。

（3）不可忽视结构因素在当前中国经济失衡中的作用。产业结构调整之所以困难，与企业运行机制的弊病、企业行为短期化，以及社会行为短期化有关。因此，只有加速企业运行机制的改造并积极发挥政府在商品市场配额调整和建立社会主义商品经济秩序中的主导作用，才能促进产业结构合理化。

（4）在非均衡经济中，经济的波动是常见的。人们常问：经济什么时候走出"低谷"？要知道，走出以产值增长率计算的"低谷"比较容易，因为通过政府直接采购产品或企业在信贷支持下采购产品，可以使产值增长率回升。要走出以企业经济效益增长率计算的"低谷"，或以财政实际收入（即扣除物价上涨影响并且不包括债务收入）增长率计算的"低谷"，远非易事。必须着手企业进行机制的改造，才能使国民经济真正走出"低谷"。

（5）非均衡经济中存在着各种“刚性”。但在当前中国的非均衡（第二类非均衡）经济中，除了有“工资刚性”、“就业刚性’、“福利刚性”等等以外，还存在一种特殊的“刚性”——“企业刚性”。这是指企业实际上不负盈亏或负盈不负亏，从而企业破产难以实现。经济中的许多困难都与此有关。不消除“企业刚性”，中国经济只可能长期处于第二类非均衡状态中。

（6）在商品短缺条件下，如果存在着较大的资源约束，那就不可能取消短缺商品的价格双轨制。否则，即使表面上取消了两种价格（计划价格与非计划价格）之差，但实际上又会形成新的两种价格（公开价格与地下价格）之差。因此，在条件尚未成熟之时就过早地全面放开价格，只可能引起社会经济的动荡，并导致一些人利用公开价格与地下价格之差牟利。

（7）在社会主义商品经济中，某些资源的稀缺性以及由于这种稀缺性而引起的独占，将会长期存在。政府应对此进行调节，如向独占稀缺资源的生产者征收一定的资源税等。但必须注意到，政府不应把这些生产者所获得的超过平均利润的那部分收入全部取走，而只应取走其中的一定份额，否则不利于资源利用效率的提高。

（8）在当前中国的非均衡经济中，经济改革的深化非常必要。但经常遇到一个难题，即新的制度和政策都容易走样（本书称之为“制度变型”），这主要与制度创新的不规范、企业和居民个人预期的变化、市场的不完善等等有关。只有从这些方面进行调整，“制度变型”问题才能得到较好的解决。

原载《非均衡的中国经济》1990年初版

目　录

第一章

资源配置问题的探讨

第一节　从非均衡的角度看社会主义的资源配置问题

一、非均衡的含义

在经济学中，非均衡是相对于瓦尔拉均衡而言的。瓦尔拉均衡是假设存在着完善的市场和灵敏的价格体系条件下所达到的均衡。非均衡是指不存在完善的市场，不存在灵敏的价格体系的条件下所达到的均衡。因此，非均衡又被称做非瓦尔拉均衡。

根据瓦尔拉的学说，既然市场是完善的，价格体系是灵敏的，每一个参加市场交易的人对于现在的和未来的价格都有完全的信息，对现在的和未来的供求状况都有充分的了解，价格随着供求的变化而随时进行调整，那么在任何一种价格条件下，需求总量必定等于供给总量，社会中的超额需求和超额供给都是不存在的，任何交易的实现，都以均衡价格为条件。没有达到均衡价格，不会成交；只有价格均衡了，才可能进行交易。根据这样的学说，生产的过剩、商品的滞销、经常性的失业，以及与超额需求有关的通货膨胀也就不会出现。

对于这种不符合经济实际的瓦尔拉均衡分析，虽然早就引起一些持有异议的西方经济学家的尖锐批评，而且凯恩斯在其1936年出版的《就业、利息和货币通论》一书中专就资本主义社会中经常性失业存在等问题进行了阐述，但直到60年代初，经济学界关于非均衡的研究仍是局部性的、非系统的。甚至对凯恩斯本人的经济理论的解释，也存在截然不同的两种观点。占主流地位的凯恩斯理论解释者认为，凯恩斯经济学仍然是一种均衡经济学，凯恩斯只是对瓦尔拉均衡学说作了一定的修改，基本上没有否定它。另一些凯恩斯理论的解释者则认为，凯恩斯经济学已经突破了均衡理论的限界，进行了非均衡理论的最初的、系统性的阐述。这具体表现于：凯恩斯认为市场机制不一定能充分发挥作用，市场难以把各种交易活动协调起来，无论是产量，就业量还是投资量都是波动的，而在资本主义条件下，经常出现的是生产过剩、失业、投资需求的不足。

非均衡理论从60年代后期起有较大的进展。非均衡的研究表明：在市场不完善和价格不能起到自行调整供求的作用的条件下，各种经济力量将会根据各自的具体情况而被调整到彼此相适应的位置上，并在这个位置上达到均衡。显然，非均衡所达到的均衡，并非市场完善前提下的均衡，而是市场不完善前提下的均衡；并非与零失业率或零通货膨胀率同时存在的均衡，而是伴随着失业或通货膨胀的均衡。换言之，非均衡实际上也是一种均衡，只不过它不是瓦尔拉学说中所论述的那种均衡，而是存在于现实生活中的均衡。这就是经济学中非均衡的含义。

二、资源配置的含义

资源配置是指经济中的各种资源（包括人力、物力、财力）在各种不同的使用方向之间的分配。在资源供给有限的条件下，需要研究的是如何有效地把经济中的各种资源分配于各种不同的用途，以便用这些资源生产出更多的为社会所需要的产品和劳务。任何社会，包括社会主义社会在内，只有做到人尽其才，物尽其用，地尽其利，才能被认为做到了资源的合理配置。如果社会上人力、物力、财力有被闲置而未能得到充分利用的部分，或者，人力、物力、财力有被浪费而未能充分发挥作用的部分，这些都是资源配置方面存在的问题。经济学所要着重研究的问题之一，就是使资源配置趋向合理，以便让现有的资源发挥更大的作用，让潜在的资源被发掘出来。

资源配置可以分为两个层次。较高的层次是指资源如何分配于不同部门、不同地区、不同生产单位，其合理性反映于如何使每一种资源能够有效地配置于最适宜的使用方面。较低的层次是指：在资源分配为既定的条件下，一个生产单位、一个地区、一个部门如何组织并利用这些资源，其合理性反映于如何有效地利用它们，使之发挥尽可能大的作用。

这两个不同层次的资源配置是既有联系，又有区别的。它们之间的联系在于：一方面，就全社会范围而言，现有的资源总量是一定的，现有资源在不同使用方向的分配情况，必然影响到每一个具体单位的资源利用的效率；宏观上资源分配的不合理，必然使相当一部分生产单位的资源利用效率较低；另一方面，假定大多数生产单位的资源利用效率都能在现有基础上提高，那么其结果将导致经济中资源总量增加，而资源总量增加与资源总量不变相比，前者将有利于调整资源在不同使用方向的分配，有助于资源配置合理化。这两个层次的资源配置之间的区别在于：第一，彼此的目标不同。较低层次的资源配置的目标主要是提高生产单位的资源利用效率，使一定的投入能有更多的产出。较高层次的资源配置的目标则主要是让每一种资源合理分配，使之进入最适宜的使用方面，然后通过生产要素在广泛范围内的重新组合，使生产要素发挥更大的作用。第二，实现的途径不同。较低层次的资源配置可以在不转移生产要素的前提下，通过生产技术措施或生产单位内部组织管理措施来实现资源利用效率的提高。而较高层次资源配置合理化的实现，通常要涉及生产要素流动、产权关系规范化、固定资产的转让、宏观经济调节手段的运用、宏观经济管理体制的改革等问题。

但无论是从较高层次上看还是从较低层次上看，资源配置的合理化都表现为一个长期的过程。资源配置的合理程度没有一个绝对的标准，资源配置的合理化也不会有一个极限。我们只能这么说：通过这一层次或那一层次的调节或改革，资源配置状况是不是比较合理了，是不是比过去改善了，或改善了多少，等等。社会主义政治经济学所要研究的一个重要课题，就是怎样通过经济调节，使社会主义经济中的资源配置状况逐渐好转，逐渐趋于合理，以便在较高层次上和较低层次上都能提高资源利用的效率。

三、社会主义经济体制与资源配置的特点

在研究社会主义经济中的资源配置问题时，有必要先了解社会主义的经济体制以及这种经济体制给资源配置带来的各种影响。由于社会主义经济体制可以区分为各种不

同的类型，因此，社会主义经济中的资源配置也可以相应地分成几种类型，每一种类型的资源配置都具有一定的经济体制所赋予的特点。

从我国的实际情况出发，可以大体上分为三类经济体制：一是传统的经济体制；二是在传统经济体制逐渐失去主导地位和新经济体制逐渐成长的条件下的双轨经济体制；三是新的经济体制。可以把50年代末到70年代末这段时间的经济体制称为传统的经济体制；把80年代以来的经济体制称为双轨经济体制。目前我们正处于双轨经济体制之下。至于新经济体制，则是我们力求通过经济改革，在摆脱了双轨经济体制之后所要建立的那种经济体制。后者对我们来说，至今仍然是目标模式，而并非生活中的现实。

三种类型的经济体制之下资源配置的特点如下：

在传统的经济体制之下，指令性计划或者被理解为社会主义经济计划的惟一形式，即认为社会主义经济等同于指令性经济；或者被理解为社会主义经济的主要形式，从而以指令性方式分配资源成为经济中资源配置的基本方式。在这种经济体制之下，市场或者不起什么作用，或者即使起作用，它对资源配置的影响也是十分有限的。不仅如此，由于否定企业作为商品生产者和经营者的地位，否认企业应当拥有生产经营的自主权，抹煞企业的自身利益，限制生产要素的流动，因此，在高层次的资源配置方面，不仅存在着资源的极其不合理的分配，造成产业结构、技术结构、地区经济结构、就业结构的严重失调，而且资源的浪费、破坏也非常惊人；在低层次的资源配置方面，则由于行政部门对企业生产和经营的横加干预，企业既没有合理使用资源的积极性，也没有这种可能性，所以企业的生产效率低下，资源的使用效率也很低。这就是传统的社会主义经济体制下资源配置的主要特点。对传统经济体制进行改革，是资源配置从不合理趋向合理的必要前提。

双轨经济体制是新旧经济体制交替时期客观存在的一种体制。当传统经济体制的缺陷暴露得越来越明显，从而必须对之进行改革之后，经济中有可能出现一系列新问题。这是因为，旧经济体制只可能逐步退场，新经济体制也只可能逐步建立，新旧体制的交替需要一个较长的过程。在这个过程中，可能有一部分经济活动仍按传统经济体制下的方式进行；另一部分经济活动则开始按新经济体制下的方式进行。此外，还可能发生这类现象，即一部分经济活动既要受传统经济体制的制约（因为传统经济体制尚未退出经济活动的舞台），又要受新经济体制的制约（因为新经济体制已经开始在经济生活中发生某些作用）；或者，在一些经济领域内，传统经济体制和新经济体制都不起作用，经济生活中出现了一些空白点，从而产生了一些混乱。必须指出，双轨经济体制本身具有过渡性，而双轨经济体制下的资源配置也具有较大的复杂性，这具体表现于：一方面，产业结构正在朝着比较合理的方面调整，资源的闲置或浪费现象正在减少，资源的使用效率正在提高；另一方面，基本建设规模不合理地扩大，重复建设有增无减，原材料供应更加紧张，由需求与成本两方面的因素所导致的物价上涨难以被抑制住。在这种复杂的情况下，资源配置的整个状况虽然比传统经济体制之下会有所好转，但这并不排除某些方面的资源配置状况也许比传统经济体制之下更差一些。于是就会使经济改革遇到原来预料不到的障碍，即本来对经济改革抱有较大希望的人在目击新旧体制交替时期发生的混乱现象之后，对经济改革的信心下降了，对经济改革的前景感到没有把握了，甚至认为传统经济体制仍有值得留恋之处，至少不会出现像新旧体制交替时期出现的这些混乱。这就是双轨经济体制之下资源配置的特点，也就是通常所说的新旧体制交替时期不可避免的“过渡性症状”，即伴随新经济体制诞生而来的阵痛。

新经济体制是社会主义经济改革之后所要建立的目标体制。这将是一个以企业具有充分活力，生产要素可以自由流动和重新组合的经济体制。由于企业的内部经营机制已经根本不同于传统经济体制之下的情形了，较低层次的资源配置将因企业对自身利益的关心而趋于合理。由于产权关系规范化和生产要素有可能在社会范围内重新组合，资源在社会上不同使用方向之间的合理配置也能成为事实，于是较高层次的资源配置目标将得到实现。可见，我们将要建立的新经济体制，是一个有利于资源合理配置的新体制。

四、经济的非均衡与社会主义的资源配置

从经济体制的角度对社会主义经济中资源配置的特点进行分析，有助于了解现阶段和今后一段时期内经济改革和经济调节的意义和任务。但仅仅从不同的社会主义经济体制的角度来考察，还是不够的。有必要进而从我国经济的非均衡性质来分析资源配置问题，这样才能更好地理解社会主义经济中的资源配置的特点。

根据前面关于非均衡的论述，可以清楚地了解到，非均衡理论所考察的是市场不完善、价格信号不能起到自行调整供求关系的条件下的经济运行过程。对我国而言，过去，传统经济体制下的经济运行固然是一种非均衡状态的经济运行，而目前，双轨经济体制下的经济运行仍旧是非均衡状态中的经济运行。甚至在今后较长的一段时期内，即使建立了新的经济体制并使之在经济中发挥作用，但由于资源约束的继续存在等原因，经济运行将会继续处于非

均衡状态之中，只是非均衡的程度不断减弱而已。这正是我国经济的实际情况，我们不应当回避它。

现在，专就双轨经济体制之下的资源配置问题来说，市场不完善、商品比价不合理、价格信号扭曲、资源供给受到很大限制、社会总需求超过社会总供给……总之，非均衡经济的基本特征，在我国双轨经济体制之下都是存在的。但更重要的是：在经济运行的背后，还存在着一个事实，这就是：在双轨经济体制之下，企业，尤其是国营企业，还没有完全摆脱（或基本上没有摆脱）行政部门附属物的地位，它们还不是自主经营、自负盈亏的商品生产者，它们的投资行为和交易行为都在相当大的程度上被扭曲，价格信号即使是准确的，它们也不可能成为企业调整供给与需求的手段。因此，只要对我国现实经济情况有比较深刻的了解，从非均衡经济这一立足点来进行考察，那么就会自然而然地得出下述结论：要使资源配置从不合理趋向于比较合理，经济体制改革是必要的；而在经济体制改革中，价格改革既不是惟一重要的改革，更不可能成为改革的突破口。关键在于所有制体制改革，也就是企业体制改革。改革的突破口在于首先应赋予企业以活力，使企业成为自主经营、自负盈亏的商品生产者，能够接受价格信号并根据它们来调整供求的商品生产者。

要知道，既然经济改革的目的在于使资源配置从不合理趋向于比较合理，那么需要改革的就是资源配置的机制、经济运行的机制。以企业体制改革来说，所要改革的是企业自身的经营机制、生产要素流动和组合的机制，而不是隶属关系或管理范围的调整（例如从“条条”变为“块块”，或从“块块”变为“条条”）。在价格改革方面，所要改革的是价格运动的机制、定价的机制，而不是价格比例的调整。只要企业仍然是行政部门的附属物，企业不能自主经营和自负盈亏，那么在价格方面，所改的只能是商品的比价，而不是定价的机制。这样的“价格改革”，其结果只能是“比价回归”，即比价调整以后不久又恢复到原来的不合理比价的位置上，但是价格水平却比以前上升了。这对于资源配置状况的改善是起不到什么积极作用的。

假定把企业体制改革即所有制体制改革作为关键，并把赋予企业以商品生产者地位作为突破口，明确投资主体，实现政企分离，培育市场，使市场完善起来，那么在投资主体明确和市场逐渐完善的基础上，最后必将实现市场定价的格局，资源配置问题的解决也就顺理成章。由此可见，在非均衡经济之中，不从妨碍市场完善和价格信号正常发挥作用的根源上着手来解决资源配置问题，也就是不从先形成自主经营、自负盈亏的商品生产者（企业）方面着手以导致有效的资源配置机制的形成，而试图一开始就建立市场，放开价格，那么恰恰把一切都颠倒过来了。如果那样做，不但只会造成无休止的物价上涨，只会使商品比价依然处于不正常状态，而且由于自主经营、自负盈亏的企业不存在，市场还是不可能完善，价格信号仍然是扭曲的，有效的资源配置机制依旧是可望而不可即。根据非均衡分析，所得出的必然是这样一个结论。

第二节　资源配置失调与社会主义经济中“滞胀”的可能性

一、社会主义经济中“滞”与“胀”的根源

“滞”是指经济停滞，其表现形式主要是经济增长率下

降，并停留在低水平上。“胀”是指通货膨胀，其表现形式主要是物价上涨幅度较大。“滞胀”是指这两种现象同时存在。

在社会主义经济中，“滞”与“胀”既有可能单独出现，也有可能一起出现。关于这一点，我已经在《社会主义政治经济学》一书中作了论述。① 问题是，造成社会主义经济中“滞”、“胀”与“滞胀”的根源何在？能不能把这些情况简单地看成是由于政府工作失误或受到偶然事件的影响而带来的后果呢？从前面对于经济的非均衡分析和对于社会主义经济体制给予资源配置的影响的分析可以了解到，无论是“滞”、“胀”还是“滞胀”都有深刻的内在原因，如果说政府工作失误或偶然事件的干扰多少与此有关的话，那么这只是加剧它们或诱发它们的因素而已。

现阶段我国的社会主义经济作为一种非均衡的经济，在运行过程中，总量失衡和结构性失衡都有可能发生，总量失衡表现为由于社会总需求与社会总供给的不一致而导致经济停滞或通货膨胀，结构性失衡表现为由于关键性产品需求与供给的不一致而导致的经济停滞或通货膨胀，这样，“滞”或“胀”或者由于总量方面的原因，或者由于结构方面的原因而单独出现。如果总量失衡与结构性失衡同时发生，那么就可能有下述四种不同的表现：

1. 由总量方面的原因所导致的“滞”和由结构方面的原因所导致的“滞”；

2. 由总量方面的原因所导致的“胀”和由结构方面的原因所导致的“胀”；

3. 由总量方面的原因所导致的“滞”和由结构方面的

---

① 参看厉以宁：《社会主义政治经济学》，商务印书馆 1986 年版，第 297～298页。

原因所导致的“胀”；

4. 由总量方面的原因所导致的“胀”和由结构方面的原因所导致的“滞”；

上述第一、二种表现仍属于单独出现的“滞”或“胀”，而第三、四种表现则是“滞”与“胀”的同时发生，即“滞胀”。应当说，这四种表现，在非均衡经济中都是可能出现的。在传统经济体制之下和双轨经济体制之下，对这些情况的发生可能较易于理解。那么在今后一段时期内，假定建立了新经济体制，是不是就不可能发生“滞”、“胀”与“滞胀”了呢？并非如此。正如前面已经指出的，在新的经济体制之下，企业成了自主经营、自负盈亏的商品生产者，市场已趋向于完善或比较完善，价格信号也能够正常地发挥其调节供给与需求的作用了，但只要继续存在着资源约束（在某种程度上还可能存在需求约束），那么，新经济体制之下的社会主义经济仍然是非均衡经济，或者说，是一种非均衡程度较轻的经济。即使如此，经济运行过程中的“滞”、“胀”或“滞胀”，仍是有可能发生的。

这表明了社会主义经济中的“滞”、“胀”或“滞胀”的根源不在于社会主义制度本身，而在于非均衡经济运行过程中发生的总量失衡和结构性失衡。那么，总量失衡和结构失衡的原因又何在呢？这就必须从经济运行过程中可能出现的宏观经济与微观经济的不协调谈起。

二、宏观经济与微观经济不协调的原因

宏观经济与微观经济之间存在着不协调的情况。这并不仅仅与传统的社会主义经济体制和双轨经济体制有关。假定建立了新经济体制，那么由于企业经济活动和个人经

济行为是分散的，企业和个人按照各自的利益和意图进行经济决策，它们的活动不可能自发地同国民经济运行处于相互适应之中，由此，仍会产生宏观经济与微观经济的不协调。具体地说，在新的经济体制之下，企业会根据自己的价格预期、利息率预期或对于市场供求状况的预期，调整自己的存货水平和资金借入量的行为。这些行为将影响市场商品的可供量和市场的资金供求关系。个人也会根据自己的价格预期、利息率预期或对于市场供求状况的预期，调整自己的消费品存量、现金持有额和资产形式的行为。这些行为将影响市场商品的供求和资金的供求。从企业和个人行为的调整可以了解到，市场存货数量的波动必将导致经济中出现不正常的市场存货或流通中过多的货币量，于是宏观经济与微观经济之间的不协调问题也就自然而然地产生了。可见，在社会主义经济运行过程中，宏观经济与微观经济之间的不协调，以及由于这种不协调而导致的总量失衡、结构性失衡（这些失衡以“滞”、“胀”或“滞胀”等形式表现出来），不会因新经济体制的建立而不再存在。只是在新经济体制之下，一旦宏观经济与微观经济之间出现不协调的时候，经济本身所具有的使这种不协调趋于缓和的力量要比在传统经济体制和双轨经济体制之下易于发挥作用，通过政府调节来消除或缓解这种不协调现象的效果也比在传统经济体制和双轨经济体制之下大得多。如果说在各种不同的社会主义经济体制之下都会出现宏观经济与微观经济之间的不协调，都会发生总量失衡、结构失衡及其表现形式“滞”、“胀”或“滞胀”的话，那么在传统经济体制和双轨经济体制之下，这种不协调和失衡不仅要比新经济体制之下远为严重，而且在使这种不协调转变为比较协调的过程中，经济本身为之付出的代价也远为巨大。如果把社会主义经济运动的过程概括在从宏、微观经济的不协调到比较协调，再从比较协调到新的不协调的过程的话，那么与新经济体制之下的情形相比，在传统经济体制和双轨经济体制之下，从宏、微观经济的不协调到比较协调所需要的时间较长，遇到的障碍较多，为此而付出的代价较大，而从宏、微观经济的比较协调到新的不协调之间的时间较短，即新的不协调可能很快就产生。

现在，把问题再回到非均衡经济方面。可以明确地指出，假定社会主义经济真的是像瓦尔拉所描述的那种均衡经济的话，超额需求或超额供给就都不存在。总量失衡或结构失衡也不可能出现，宏、微观经济之间的不协调就不会发生，于是“滞”、“胀”、“滞胀”之类的现象也都没有存在的可能了。但瓦尔拉所描述的那种均衡经济是不符合实际的，经济中实际存在的是非均衡状态。既然如此，那就可以认为，社会主义经济中的失衡和宏、微观经济的不协调是来自非均衡的经济运行，而主要不是政府工作失误或偶然事件干扰的结果。

三、“滞胀”与资源配置失调

社会主义经济中出现的经济停滞或通货膨胀都反映了资源配置的失调。经济停滞反映资源配置失调，是比较容易理解的。这是因为，在经济停滞的情况下，必然发生资源的严重闲置。这在生产过程中，表现为生产设备的闲置，劳动力未得到充分利用，以及原材料的积压；在流通过程中，表现为已经制成的产品的滞销，表现为市场上出现超正常的存货。当然，关键性产品（如燃料和动力、重要的原材料、重要的设备、运输部门提供的劳务等）的严重短缺也可能导致经济停滞，但这同样是资源配置失调的反映。这种情况下的资源配置失调主要以产业结构的畸形等形式出现，即由于产业结构畸形引起资源配置失调，引起关键性产品的严重短缺，最终导致经济停滞。

那么，社会主义经济中所发生的通货膨胀同资源配置失调之间又是什么样的关系呢？为什么说通货膨胀与经济停滞一样，也是资源配置失调的反映呢？这可以从三种不同类型的通货膨胀着手分析。

1. 由于社会总需求过大而引起的通货膨胀，即通常所说的需求因素导致的通货膨胀。

需求之所以过大，或者是由于投资规模膨胀，或者是由于消费支出增长过快，或者两者兼而有之。需求大大超过供给，这是与资源配置失调有关的，因为资源配置的主体（企业、个人或政府）把过多的资源投入到不应当投入这样众多资源的领域中了。在这种情况下，货币流通量过大只是一种现象，在这一现象的背后，则是由于资源配置失调所造成的投资过多或消费支出增长过快。

2. 由于成本上升过大而引起的通货膨胀，即通常所说的成本因素导致的通货膨胀。

成本上升幅度之所以过大，归根到底，由生产要素价格上涨过大所决定。生产要素价格之所以上涨过大，则又是由于对生产要素的需求增加过猛以及生产要素供给的严重不足。就生产要素供给的严重不足而言，这或者是由于产业结构的畸形，或者是由于生产要素的流动性受到限制，或者是由于用于提供生产要素的部门的资源投入严重不足，总之，这一切全都与资源的不合理配置有关。

3. 由于供给结构与需求结构的不协调而引起的通货膨胀，即通常所说的结构因素导致的通货膨胀。

关于这一类型的通货膨胀，可以从关键性产品的供不应求找到答案，这就是：某些关键性产品的需求过大和供给严重不足，使得这些产品的价格上涨，使得货币流通量增加，从而导致了通货膨胀。至于关键性产品为什么会供不应求，仍然与资源配置的失调以及由此引起的产品结构失调、产业结构失调等等联系在一起。

由此看来，三类通货膨胀中的任何一类通货膨胀都与资源配置失调有联系。这样，经济停滞、通货膨胀、经济停滞和通货膨胀的并存都可以被看成是资源配置失调的反映。在社会主义的经济研究中，我们必须认识到“滞”、“胀”或“滞胀”等现象的产生都和资源配置失调有关，因此在研究时，必须致力于探求消除资源配置失调，使资源配置趋于比较合理和合理的途径，以克服经济中的“滞”、“胀”或“滞胀”现象。

四、“滞胀”的可能性与“滞胀”的防止

在经济中存在着结构性失衡时，如果单纯压缩总需求，以至于经济紧缩过度，同时，物价上涨率由于结构性问题的存在而未能降低，那么经济的“滞胀”就可能出现。这是国民经济管理中需要认真对待的问题。但也应当注意到，经济中出现“滞胀”的可能性并不等于这种可能必定成为现实。可能发生的“滞胀”要变为实际发生的“滞胀”，需要以相应社会购买力的存在作为条件。要知道即使由于商品供求结构不协调而可能出现物价上涨的趋势，但任何物价上涨都与相应的社会购买力的存在有关。如果社会购买力不足，在商品供求结构不协调时，短缺商品的价格仍然难以上涨。因此，在采取压缩总需求（比如说，压缩基本建设投资、压缩社会集团购买力、压缩居民可支配收入）之后仍有较大的社会购买力，并且这种社会购买力足以导致物价上涨的话，那就必须了解这种社会购买力究竟来自何处。

它会不会来自财政支出，即财政支出的一部分会不会转化为对短缺商品的购买力？一般说来，这种可能性在经济紧缩过度时并不存在。压缩总需求首先包括了对财政支出的压缩。

它会不会来自信贷支出，即信贷支出的一部分会不会转化为对短缺商品的购买力？这种可能性在经济紧缩过度时一般也不存在。压缩总需求无疑也包括了对信贷支出的压缩。

它会不会来自出口收入、侨汇收入、国外入境者的支出（即旅游收入）、引进的外资？这是因为，所有这些收入都有可能转化为对国内的短缺商品的购买力；紧缩国内需求与增加出口收入、侨汇收入、旅游收入和引进外资完全可以同时进行。然而，在这种情况下，只要合理地利用所增加的外汇收入，利用它们来增加国内短缺商品的供给（如直接增加短缺商品的进口，或增加有关的生产资料进口），那么即使增加了对短缺商品的购买，也不会导致物价上涨。

于是我们遇到了这样一个问题：既然在经济紧缩时足以引起物价上涨的社会购买力并非来自财政支出、信贷支出和各种外汇收入，那么它们究竟来自何处？

可能有下述三个来源：

第一，来自居民的储蓄存款。在经济紧缩时，如果居民的预期发生变化，他们是有可能提取存款，使之转化为社会购买力，购买短缺商品，从而引起物价上涨的。

第二，来自居民手头持有的现金。不管这些现金被当作备用金的还是具有“持币待购”性质的，只要居民的预期发生变化，这些现金就有可能冲向市场，引起物价上涨。

第三，来自企业的税后利润部分。企业可以利用这些货币作为公共消费支出，或把它们分配给本企业的职工，转化为职工的个人消费支出，使之进入市场，购买短缺商品，从而引起物价上涨。但应当指出，如果企业是有利益约束的并且具有长期的发展方针，那么企业将考虑到经济紧缩的客观形势，就会在税后利润的支出方面自行约束，节制公共消费支出和给予职工的收入份额，而宁肯在提高劳动生产率、降低成本、增加积累上下功夫。反之，如果企业缺少利益约束，企业行为是短期化的，那么企业很可能置经济紧缩的形势于不顾，继续采取把税后利润“分光吃尽”的做法，物价也就可能因此而上涨。

由此可见，在存在结构性失衡时，如果政府采取了紧缩需求的措施而又不设法缓解居民储蓄存款和居民手头持有现金对市场的压力，不设法阻止它们对市场可能发生的冲击，那么可能的“滞胀”就会变为实际的“滞胀”。同样的道理，如果政府不在紧缩需求的同时改造企业的运行机制，而仍然使企业缺乏利益的约束，缺乏自我调整税后利润使用方式的机制，以至于企业的行为依旧是短期化的，那么“滞胀”的可能性就会转化为“滞胀”的现实性。

“滞胀”对经济是十分不利的。它不仅与经济的稳定增长无法相比，甚至比“增长中的膨胀”还要坏。就现阶段的我国经济而言，紧缩总需求势在必行。我们要研究的是如何在紧缩总需求的过程中不至于出现“滞胀”。当然，在这里必须强调增加有效供给对于缓和经济失衡的关键意义。如果紧缩需求过度而造成了对有效供给的紧缩，那么紧缩需求以缓和供不应求现象的目的将不可能实现。除此以外，我们还必须就前面已经提到的居民储蓄存款、居民手头持有现金、企业运行机制问题作进一步的分析，以便寻找防止发生“滞胀”的有效对策。

第一，居民储蓄存款问题。

为了防止在紧缩需求过程中居民预期发生大的变动而

使提取存款，冲击市场的情况出现，可以适当提高存款利率，开展保值储蓄和实物预购储蓄，以稳定储蓄存款。同时，政府应当引导居民用一部分储蓄存款购买住宅，购买证券。住宅和证券都是保值性的。对房屋和证券的购买可以把短期资金变为长期资金或把消费基金变为生产基金，这是存款分流的有效渠道。

第二，居民手头持有的现金问题。

对待居民手头持有现金的方式基本上与对待居民储蓄存款的方式相同，即政府应采取措施，使居民把手头现金的一部分变为存款，变为对住宅和证券的购买。同时，对于个体户和农民，应当设法鼓励他们把手头持有的现金作为生产资金，以便增加供给，而不要用于挥霍性的、炫耀性的消费。

第三，企业运行机制问题。

不仅增加供给有赖于企业改革的深化（例如，通过企业改革的深化，可以调动企业和职工的生产积极性，可以促进生产要素重新组合，可以加速产业结构调整等等，以达到增加供给的目的），而且抑制需求也有赖于企业改革的深化。正如本书以后各章将会指出的，企业改革过程就是企业运行机制的改造过程，企业必须有利益的约束，才会关心自己的税后利润的使用方式和使用方向，企业的行为短期化才能避免。那么，究竟怎样改造企业的运行机制呢？承包制在这方面显然是不够的。因为承包制并未割断行政主管部门与企业之间的“脐带”，承包制下的企业还不是真正自主经营、自负盈亏的商品生产者，承包制应当逐渐向股份制过渡。① 股份企业的经济活动取决于投资者的利益，

① 参看厉以宁：《中国经济改革的思路》，中国展望出版社，1989 年版，第 31 ~43 页。

宏观经济调节的意图可以同股份企业的长期利益相适应，即投资者为了自身的长期利益，将在经济紧缩期间自行约束税后利润的使用方式和使用方向，而不至于出于短期利益的考虑，只图短期利益最大化，这样，“分光吃尽”税后利润的短期行为也就有可能防止了。

根据以上所述，可以得出如下的结论：在结构性失衡存在的条件下，“滞胀”不是没有出现的可能性的。但是，只要我们在压缩需求的同时致力于有效供给的增加，只要我们采取各种措施来稳定居民储蓄存款，并尽可能把这些存款和居民手头持有的现金引导到对住宅和证券的购买方面去；只要我们深化企业改革，建立企业的利益约束机制，那么“滞胀”可以被防止。换言之，在这种情况下，我们的经济前景将不是“滞胀”，而是经济的中速增长和物价上涨率的下降。

在这一章中，我们只是提出了社会主义经济中“滞胀”问题，而且只进行了十分粗略的分析。在本书以下各章，我们将对社会主义经济中的商品供给缺口与商品需求缺口并存条件下的政府调节问题和企业改革问题进行较细致的论述。

五、重新认识资源配置问题的必要性

研究经济学的目的之一是为了找到一种令人满意的体制或机制，以便合理利用资源、配置资源，既能促进社会财富的增加，又能使财富或收入的分配趋于公平。不重视资源配置问题的研究，实际上是忘记了经济学这门科学的这一使命。但自从古典政治经济学产生以来，历来有关资源配置问题的研究有两种趋向。一种趋向是：认为市场机制是能够完善地、合理地在社会有限资源条件下配置各种资源的惟一有效的机制，资源配置学说无非是一种通过市场对经济自发地进行调节的学说。另一种趋向是，从资源配置的过程与效果来看，市场机制具有相当大的局限性，这种局限性或者反映了对社会资源的利用不善，从而造成资源的闲置或浪费；或者反映了资源配置与收入分配之间的不协调，即通过市场机制的作用，即使资源的配置比较合理，社会财富可以增加，但收入分配的失调现象却会变得严重起来，从而必须运用政府的调节职能或计划机制来取代市场机制的作用，至少应用它们来克服市场机制的局限性。

然而，当我们把研究的课题转入我国现阶段的资源配置方面时，不难发现，国外有关资源配置的种种观点，尽管其中有不少可供借鉴的内容，但同我国社会经济的实际状况仍有较大的距离。根据我国经济的非均衡状态，那种把市场机制视为资源配置的惟一有效机制的学说，其局限性是很明显的。假定把市场定价作为解决我国现阶段的资源配置问题的出发点，我们的经济很可能陷入较大的混乱之中。这是因为，在市场不完善、非经济因素干扰较大、企业尚未具有独立经济地位的现实经济环境中，要做到资源的有效利用和合理配置，首要的问题是让企业成为有独立经济地位的商品生产者，自己承担投资风险和经营风险，使市场日益完善。而在企业有了充分的活力之后，如果资源约束的情况仍然未能消除，那么完全依靠价格调节也难以实现资源的有效利用和合理配置的目的。这就是非均衡条件下资源配置问题的复杂性，也是我们必须根据我国经济实际情况重新认识资源配置问题的主要理由。

从我国经济中可能发生的“滞”、“胀”与“滞胀”以及它们与资源配置失调之间的关系，可以清楚地了解到我国现阶段资源配置问题的复杂性和解决这一问题的难度。

这就是，无论是按市场机制是解决资源配置问题的惟一有效机制的模式，还是按计划机制对市场机制替代的模式来分析这些问题，都不可能深刻地揭示其原因和找到对策。我们强调“只有先了解中国，才能对中国经济作出符合实际的说明”，并不意味着我们可以轻视经济理论的指导作用。没有经济理论的指导，没有这种理论指导下的分析，很可能陷入一大堆琐碎的、非系统的具体事实的罗列或描述之中，因此，我们重视经济理论的指导作用，是指不能根据经济生活中的若干表面现象就得出有关我国的资源配置问题的现成的答案，而是要探索可以用来解决我国资源配置问题的经济理论。尽管这种探索会遇到困难，但只要我们循着符合我国国情的研究途径前进，总是会有收获的。

于是，从重新认识资源配置问题的必要性出发，自然而然地会导致如下的论断：必须根据我国的实际情况，探索符合我国国情的资源配置理论。非均衡经济理论作为一种有助于解决社会主义的社会资源合理配置问题的理论，正是为了适应这一要求而被提出的。

第二章

市场调节与资源配置

第一节　市场选择与市场引导

一、市场选择

任何供出售的商品都是由两种或两种以上的资源组合而成的。一种天然的资源要成为商品，必须有赖于人的劳动的投入。因此，社会所提供的商品意味着资源的组合。要研究社会主义社会中的资源配置问题，有必要从以商品形式出现的资源组合着手。

为什么在一定时间内，社会上需要这样一些形式的资源的组合，而不需要另外一些形式的资源的组合，归根到底是与人们对商品的需求有关，而一定的商品供给就是一定的资源组合形式。这是正常的资源配置途径，即需求引导供给，引导资源的组合，进而影响社会的资源配置，使资源发挥应有的作用。如果把这个途径颠倒过来，先决定什么样的资源组合，以此生产出产品，再用它们去适应人们的需求，那么不仅适应不了人们的需求，而且资源的作用也不可能被充分发挥出来。这种资源配置途径的后果一定是资源使用不当、低效率以及人们需求的被压抑。

由此可以对于市场在资源配置中的作用有一个初步的了解，即市场首先是资源组合的选择者。在资源配置问题的研究中所说的市场选择，就是指在正常的资源配置途径上，如果客观上存在着人们对商品的一定的需求，那么究竟怎样组合各种不同的资源，生产出各种不同的产品来满足人们的这些需求；市场作为资源组合的选择者，在这里起着沟通需求与供给的作用。比如说，人们对商品的需求是多种多样的，在一定的资源总量的前提下，可以有各种不同的资源组合方式把这些不同的资源组合起来。究竟什么样的资源组合方式能够提供可以满足人们需求的商品，这一切如果由市场来选择，那就可以避免资源的浪费和使用不当，避免低效率，避免人们的需求受到压抑。

二、资源组合

市场作为资源组合的选择者，类似于一个把各种资源投放在内，不断进行搅拌，并提供合乎要求的组合（产品）的大型搅拌机。搅拌过程就是资源组合的选择过程。

当然，这只是一个比喻。在日常生活中，把一定数量的沙、石子和水泥投入搅拌机之后，它们将在搅拌中逐渐处于均匀分布状态。在把市场比喻为大型搅拌机时，我们可以对资源配置问题有较清楚的认识，即各种资源被投入到这个大型搅拌机内，通过它的不断运动，然后将以恰当的组合形式，产出各种可以满足人们需求的商品。搅拌的结果，一方面满足了人们的需求；另一方面也就实现了资源的合理配置。①

市场选择体现在市场这个大型搅拌机的不断运动过程之中。市场选择活动包含了市场的投入决策、市场的产出决策、市场的分配决策等经济活动的内容。而每一种决策，都与资源组合方式的选择有关。市场这个大型搅拌机的活动，可以分为生产、销售、分配三个环节。这三个环节，恰好是同市场的投入决策、市场的产出决策、市场的分配决策这三项决策相适应的。

市场的投入决策，是指参加市场活动各个企业和个人决定使用哪些资源进行生产，投入资源的数量是多少，这些资源投入的比例如何，它们如何组合等等。因此，市场的投入决策就是参加市场活动的企业和个人关于资源投入和资源组合的选择。

市场的产出决策，是指各个企业和个人在资源投入之后，将会有一定的产出，但这些产出究竟在什么地方得到实现，以何种方式实现，企业和个人也需要作出选择。产出并不仅仅指如何把各种投入的资源转变为物质形式的产品，而且也是指如何把生产出来的物质形式的产品变为货币收入。只有当投入的资源通过生产过程和销售过程，转变为货币收入之后，市场的投入产出过程才告一段落。因此，市场的产出决策就是参加市场活动的企业和个人对一定资源组合的物质产品转变为货币收入的选择。

市场的分配决策，是指各个企业和个人在把物质形式的产品变为货币收入之后，关于货币收入分配和使用的决策。如果把这笔货币收入视为一项资源，那就又遇到如何使用这一资源，如何把它投放到不同用途上的问题。如果

① 参看厉以宁：《国民经济管理学》，河北人民出版社，1988 年版，第 418～424 页。

把生产、销售、分配三个环节看成是一个连续的经济活动过程，即把市场的投入决策、市场的产出决策、市场的分配决策看成是一个连续的经济活动过程的连续决策，那么货币收入的分配和使用实际上也就是最初投入的各种资源的分配和使用。

生产是不间断的。通过市场的分配决策，货币收入将分解为消费、储蓄、投资等项，其中每一项货币支出都与资源组合的选择有关。消费部分涉及市场的销售活动，涉及市场的产出决策；储蓄和投资部分涉及市场的生产活动，涉及市场的投入决策。所有这些支出都是市场选择的组成部分。在市场这个大型搅拌机中，将不断地完成这些选择。

三、市场决策的分散性

市场决策是由参加市场活动的许许多多个企业和个人根据各自的利益而作出的，决策的分散性是市场决策的固有特征。具体地说，每个企业和个人决定自己投入多少资源，以何种形式组合资源，生产什么样的物质形式的产品，如何销售它们以取得货币收入，并且如何分配所取得的货币收入，包括再次投入多少资源，等等。在市场的投入、产出、分配等决策中，所有各个由企业和个人作出的分散的决策汇集而成为整个市场关于资源组合和资源投向的选择或决策。

市场决策的分散性表明，整个市场的选择或决策是由各个个别的选择或决策所导致的，而并非先有整个市场的选择或决策，再由它来导致各个个别企业和个人的选择或决策。应当注意的是，各个不同的企业和个人的目标不一定相同，他们的偏好不一定一致，他们对市场前景和各自获利前景的预期也不一定一样，因此，整个市场的选择或决策的倾向是由大多数企业和个人的选择或决策的倾向所决定的。当大多数企业和个人的目标和偏好相似，而且对市场前景和各自获利的前景持有乐观的态度，从而有增加资源投入的倾向时，整个市场的选择或决策将是扩张性的或进取性的，这样，经济就增长。反之，在大多数企业和个人的目标和偏好相似的前提下，当他们对市场前景和各自获利的前景持有悲观的态度，从而有减少资源投入的倾向时，整个市场的选择或决策将是收缩性的或保守性的，这样，经济就停滞、衰退。

在市场决策具有分散性这一固有特征的经济环境中，信息的完备和信息的畅通是保证每个参加市场活动的企业和个人能够作出有利于自己的决策，从而，也就提供了有利整个市场经济活动的协调动作的必要条件。信息的完备包括了每个企业和个人都能了解到社会上现有资源的组合和使用情况，从而等于了解到其他企业和个人所作出的选择或决策；信息的畅通指对这些情况的了解将是及时的、迅速的、低成本的。假定符合了这些条件，那么即使市场决策是分散的，但分散的决策仍然能满足资源配置趋向合理的要求。假定符合了这些条件，那么，即使客观上存在着供给方面的约束（资源的约束）或需求方面的约束（市场的约束），分散的决策也可以在供给不足或需求不足的情况下，通过供求状况对价格的影响以及价格变动对供求变动的影响，尽可能使资源的配置趋向于合理，尽管这只是一种相对的合理。

四、市场引导

市场的供求状况对价格的影响以及价格变动对供求变动的影响，体现了市场对资源配置的引导作用。

市场的引导是从动态均衡的角度来考察的。可以把整个市场的经济活动划分为若干阶段。前一阶段的市场供求状况不仅决定了现期的价格水平，而且通过价格这一指示器，对后一阶段的供求发生影响，从而预示了价格的可能变动方向与变动幅度，而价格的这一可能的变动又将影响再下一个阶段的供求与价格。如此循环往复，从而使市场引导了社会对资源的利用、资源的组合，以及资源由潜在的变为现实的可能性与具体方式。可以认为，市场所引导的是参加市场活动的各个企业和个人的选择或决策。

为什么社会上对某一种资源的使用量会越来越大，而对另一种资源的使用量却越来越小？为什么这一种资源组合形式会渐渐被另一种资源组合形式所代替？为什么投入这一部门的资源会被转投于另一部门？所有这些问题，都可以从动态的市场引导作用来加以说明。

那么，在考察市场的引导作用时，重要的究竟是绝对价格水平呢，还是相对价格水平？当然，二者是同样重要的。某一种资源的绝对价格水平，制约着对该种资源的需求总量和供给总量；而各种不同的资源之间的价格比例，即它们的相对价格水平，制约着资源的组合形式、资源在不同领域内的分配、以及对资源的利用率。

以上，在考察市场选择和市场引导时，都是把作为微观经济单位的企业和个人统一对待的。但在实际经济生活中，企业和个人往往作为供求关系的对立双方而出现。个人向企业提供资源时，个人是资源的供给一方，企业是资源的需求一方。企业向个人提供以物质形式的产品所体现的资源组合时，企业是资源的供给一方，个人则是资源的需求一方。因此，我们有必要转入对投资与消费两种市场行为的分析。

第二节 投资主体、投资行为与资源配置

一、投资主体

在分析市场在资源配置中的作用时，可以把投资主体确定为两类，一是企业，二是个人。政府作为投资主体的问题，在这里暂不进行分析。

企业作为投资主体的前提是企业不仅拥有可以用于投资的资源，而且企业有投资的决策权或投资的自主权。企业的投资动机是价值的增值，也就是获取利润。虽然企业在进行投资时也可能具有利润以外的动机，但这不外乎两种情况：第一，企业进行利润以外动机的投资最终仍是为了取得利润，即企业在获取利润的道路上，采取的是一种迂回的方式，以保证这些投资有助于企业的总的利润的增加；第二，企业除了利润目标以外，还有其他的目标，因此企业进行利润以外动机的投资，以实现自己的其他目标。后面这种情况在客观上是存在的，但不在企业的投资中占据主要地位。在分析企业投资时可以略去不计。

同企业一样，个人作为投资主体的前提也是个人既拥有可以用于投资的资源，又拥有投资的决策权或自主权。个人投资的动机同样是价值的增值，以增加个人收入。这也不排斥个人进行投资时还可能有增加个人收入以外的动机，但这种投资在个人的投资中不占据主要地位，所以在分析个人投资时也可以略去不计。

假定作为投资主体的企业和个人都以获取利润或增加

收入作为基本的投资动机，那么在任何一种情况下，即使在只存在一种投资机会的情况下，企业和个人都会面临机会成本的估算问题。机会成本的估算就是资源使用方向和资源组合形式的选择。企业和个人必然选择最有利于自己的资源使用方向和资源组合形式，然后决定是否投资，怎样投资，投资多少。

二、投资行为的一般原则

在企业和个人根据机会成本的估算而决定进行某项投资之后，他们的投资行为在一般情况下，只受到价格的制约，也就是只受到市场竞争的制约。这里所说的投资行为的一般原则，是指瓦尔拉均衡状态中的投资行为所遵循的原则而言。

投资行为是由一系列交易行为所组成的。企业和个人作为投资主体，假定他们自己拥有足够的货币资金，他们为了进行投资，必然要利用一部分货币去购买生产资料，利用一部分货币去支付工资，还要利用一部分货币去支付租金。假定他们自己拥有的货币资金不足，他们就需要到货币市场上去筹集资金，并准备为此支付利息。购买生产资料，支付工资和租金，筹集资金和支付利息，这些都是交易行为。在瓦尔拉均衡状态中，在任何一种价格条件下，需求总量与供给总量必定相等，经济中的超额需求和超额供给都不存在，任何交易都是在均衡价格条件下实现的。这样，对企业投资者和个人投资者来说，如果他们需要筹集资金，那么资金可以被筹集到，利息率是由货币市场的供求决定的均衡利息率；如果他们需要购买生产资料，那么所需要的生产资料也能被买到，生产资料市场上的价格是均衡价格；如果他们需要劳动力，那么根据劳动力供求所决定的均衡工资率，就能够有足够的劳动力供生产中使用。总之，一切都符合投资者的心愿，也都符合投资者的利益。

同样的道理，在瓦尔拉均衡状态中，当作为投资主体的企业和个人进行投资，并生产出产品之后，他们不愁自己的产品没有销路。由于市场不会有超额的需求和超额的供给，所以企业和个人生产出来的产品都能够销售出去，销售总是在均衡价格条件下进行的。这一切也都符合投资者的利益。

在这样一种经济环境中，投资行为实际上是十分简单的。企业和个人作为投资主体，所遵循的只是服从市场竞争的原则，即一切都由市场安排好了，用不着自己为此操心。这是因为，市场的信息是完备的，信息是畅通的，投资主体对现在和未来的市场状况有充分的了解，经济中不存在不确定的因素，所以投资主体只要有了充分的信息，就可以进行投资，组合资源，组织生产，销售产品，不需要考虑经济中是否存在不确定性，也不需要事前采取预防性措施。至于保留多余的货币以备经济中不确定事件的发生，或利用多余的货币去贮存超正常储备的商品，这些都是不必要的。一切听从市场的安排，必定能使每个投资者满意，这就是投资行为的一般原则，尽管它仅仅存在于理论上的瓦尔拉均衡之中。

三、非均衡条件下企业和个人的投资行为

正如本书第一章中已经明确指出的，实际生活中存在的不是瓦尔拉均衡状态，而是非均衡状态。在市场不完善、信息既不完备又不畅通、价格起不到应有的调节供求作用的社会主义现阶段，经济的非均衡性质尤为显著，这就为

研究企业和个人的投资行为提出了新的要求。

在非均衡条件下，作为投资主体的企业和个人在进行投资之前，必须考虑客观上存在的资源供给的约束。这里包括所需要的资金供给的约束、所需要的生产资料供给和劳动力供给的约束。如果资源供给是有限的，那么投资愿望的实现就会遇到障碍。不仅如此，资源供给的前景和资源供给的现状对于投资者来说是同样重要的。投资所形成的生产能力，需要有不间断的资源供给，尤其是原材料、燃料、设备零部件、交通运输能力等等的供给。因此，即使从资源供给的现状来看不存在约束或只存在较小的约束，但如果资源供给的前景不容乐观，那么投资也将遇到障碍。

在非均衡条件下，作为投资主体的企业和个人在进行投资之前，还必须考虑客观上存在的需求的约束，即市场方面的约束。这主要指投资形成生产能力之后所生产出来的产品有没有足够的销路。如果市场是有限的，那么投资愿望的实现也会遇到障碍。与资源供给的约束相似，市场的前景和市场的现状对于投资者同样重要。假定所生产出来的产品目前虽然有销路，但未来的销路却没有把握，那么，投资者也会考虑投资的可行性问题。

除了非均衡条件下的资源供给约束和需求约束以外，作为投资主体的企业和个人还需要考虑经济中存在的各种不确定因素。为了保证投资的正常进行和投资以后所形成的生产能力的正常运转，投资者必须采取应付各种不确定性的预防性措施。例如，为了避免资金的不足，投资者可能要多筹集一些资金，或者要多保存一些货币在手中；为了避免生产资料供给的不足或中断，投资者可能要多购买一些生产资料，形成超正常的原材料、燃料、设备及其零部件的储备，从而多占用一些资金；为了避免出现市场被挤占或销售竞争激化等现象，投资者可能采取非正常的方式来保护自己的市场和扩大自己的销路，从而也会多投入一些资金，作为保护和扩大市场的成本。这些情况的出现，会使投资者对资金的需要量大于不存在各种不确定性的条件下所需要的资金量。

此外，由于信息的不完备和信息的不畅通是经济非均衡状态的一个特点，因此在非均衡条件下，投资者会感觉到：既然不可能指望从市场得到完备与及时的信息，那就不如依靠自己的力量去获得所需要的信息。这也是需要追加投资的，但追加投资而得到利益要比因信息不完备和不及时而受到损失好得多，所以投资者仍然乐于追加这笔投资。

在这里，姑且不谈非均衡条件下与均衡条件下价格水平的差距可能有多大，就以非均衡条件下所形成的超正常储备和追加的保护与扩大市场的投资，以及追加的信息成本而言，在非均衡条件下要形成与均衡条件下所形成的相同的生产能力，就需要有更多的投资。但价格水平仍然是要被考虑的。如果资金供给受到限制，如果货币市场不完善，那么这时的利息率将高于均衡利息率；如果生产资料供给受到限制，如果生产资料市场不完善，那么这时的生产资料价格将高于均衡价格；如果投资者为了保护自己所占有的市场而采取了排斥正常的市场竞争的措施，那么这时的商品销售价格也会高于均衡条件下通过正常的市场竞争所形成的均衡价格。高于均衡利息率的利息率以及高于均衡价格的生产资料价格，都会要求有较多的投资，即这时为形成相同的生产能力而需要的投资量将大于均衡条件下所需要的投资量。至于生产出来的商品的较高的销售价格，则使得追加投资的行为变为现实，即投资者考虑到未来市场上的较高的销售价格，他们会认为追加投资不仅是必不可少的，而且也是可以得到补偿的，于是他们就追加了投资。

以上所分析的这些，可以清楚地说明这样一点：在非均衡条件下，企业和个人的投资会大于均衡条件下为形成同样的生产能力所需要的投资，即为了形成相同的生产能力，非均衡条件下的投资总量将大于均衡条件下的投资总量。这正是非均衡条件下企业和个人投资行为的特点。

四、非均衡条件下投资行为与资源配置的关系

追加投资不仅需要追加货币资金，而且需要追加生产资料的供给。对于前一种追加，比较容易理解，这是因为任何追加投资的最初形式都是货币资金。至于后一种追加，即生产资料供给的追加，则主要反映于超正常的储备（原材料、燃料、设备及其零部件等）的形成；此外，追加的保护和扩大市场的投资以及追加的信息成本，也会部分地体现于生产资料的购买上。

由此看来，在非均衡条件下，企业和个人的投资（包括追加的投资）必然使资源配置状况与均衡条件下有较明显的不同。在均衡条件下，在市场机制充分起作用的条件下，资源将自发地朝着最有利的部门和地区流动，市场供求比例的变化以及由此引起的价格的升降，将把各种资源分配到适当的位置上。尽管在部门间、地区间、投资主体之间的转移过程中会发生局部的或结构性的资源闲置或浪费现象，而且这种现象通常是难以避免的，但就总体而言，由于超额需求和超额供给都等于零，所以资源能够有效地组合和得到合理的利用。然而，在非均衡条件下，却是另外一种情况了。

例如，由于资源供给约束的存在，作为投资主体的企业和个人为了避免资源供给的不足和中断，为了预防经济

中发生预料不到的事件，往往追加投资，形成超正常的储备。这样，必然使得本来就已经出现的资源供给缺口进一步扩大了，这不仅会加剧对已经不平衡的供求关系的干扰，而且会导致资源配置的失调。前面已经提到的社会主义经济中可能出现的“滞胀”现象，在一定程度上与多数企业和个人为采取预防性措施而形成超正常的储备有关。

又如，由于企业和个人追加投资的需要，企业和个人对货币市场的资金供求关系的干扰也是显而易见的。经济的非均衡性表明，这时在货币市场上可能存在资金需求大于资金供给的情况。而由于有追加投资的需要，资金供不应求的缺口将会增大。

再从资源组合的角度来看，一旦经济中存在着资源供给的约束，那么，资源就很难按最有利于提高效率的方式组合起来。资源的组合形式不得不适应于资源供给的短线。按资源供给的短线实现的资源组合，意味着经济中将有一部分资源得不到利用；而要让这部分资源得到利用，并且又要适应资源供给的短线，那么资源的组合就可能是低效率的。这两种情况都是资源配置不当的反映。

第三节　消费主体、消费行为与资源配置

一、消费主体

与分析投资主体时的分类一样，在分析市场在资源配置中的作用时，也可以把消费主体分为企业和个人，而暂不考察政府作为消费主体的问题。

企业作为消费主体的前提是企业不仅拥有可以用于消费的资源，而且企业有消费的决策权或消费的自主权。企业的消费动机是满足企业公共消费支出的需要，而企业公共消费支出的目的是为了增加企业职工的福利以及用于企业的公益事业。

个人作为消费主体的前提与此相同，即个人既拥有可以用于消费的资源，个人又有消费的决策权或消费的自主权。个人的消费支出是生活性的支出，包括用于个人生理的、心理的、社会的需要的生活性支出。

企业作为消费主体，它们用于消费支出的资源来自利润中的公共消费基金。个人作为消费主体，他们用于消费支出的资源来自个人的可支配收入。

二、消费行为的一般原则

假定不考虑消费的偏好问题，那么在一般情况下，也就是指在瓦尔拉均衡状态中，无论企业还是个人的消费都只受到价格的制约，也就是只受到市场竞争的制约。这就是消费行为所遵循的一般原则。

消费行为同投资行为一样，也是由一系列交易行为所组成的。企业和个人作为消费主体，将利用可以用于消费支出的货币去购买消费品。如果存在着消费信贷，那么他们还需要为此支付利息。此外，他们还可能用这些货币去支付购买消费性的劳务支出。所有这些活动都是交易行为。在瓦尔拉均衡状态中，任何交易行为都是在均衡价格条件下实现的，消费领域内的交易也不例外。消费品的超额需求和超额供给都等于零。企业和个人都能购买到自己所需要的消费品，一切都由市场安排好了。同时，由于现在的市场和未来的市场上都不存在不确定的因素，所以作为消费主体的企业和个人在进行消费活动的过程中不必担心购买不到所需要的消费品，从而也就用不着去贮存多余的、超过正常消费量和正常贮存量的消费品。市场上的一切都是合理的，必定能够使消费者满意。

当然，如果出现了新的消费品或新的消费支出项目，如果消费者的偏好发生了变化，那么消费品市场上有可能出现暂时的、局部性的不协调，但即使如此，仍不意味着整个消费品市场的不协调。

三、非均衡条件下企业和个人的消费行为

非均衡条件下企业和个人的消费行为与上述均衡条件下企业和个人的消费行为有所不同。这种区别是由经济中的资源供给约束、需求约束、以及不确定因素的存在所造成的。

假定资源供给的约束是客观存在，那么，企业和个人在消费支出过程中必然要受到这一约束的影响。资源供给的约束表现为某些为消费者所需要的消费品的供不应求，在这种情况下，消费者的消费愿望的实现就会遇到障碍。假定消费者不愿意转而购买其他非短缺的消费品，或者其他消费品也存在不同程度的短缺，那就会产生非自愿储蓄，后者的具体表现形式在这种场合将是存款待购或持币待购。

假定需求约束是客观存在，并且需求约束表现为某些为消费者所需要的消费品的供大于求，那么在这种情况下，提供这些消费品的企业和个人的产品销售就会遇到障碍。假定消费者的收入和偏好都不变，这些消费品的价格将因销路受限制而下降；或者，这些消费品的价格不变，但生产收缩，供给量减少。这些对消费行为的影响是不大的。假定在这个过程中，消费者的收入虽然不变，但偏好却发

生了变化，于是在消费品的价格因销路受限制而下降的条件下，消费结构会发生变化，从而影响其他消费品的销路。

除了非均衡条件下的资源供给约束和需求约束以外，作为消费主体的企业和个人也要考虑经济中存在的各种不确定因素。为了防止消费品供给的不足或中断，消费者可能在消费品的购买上采取一些预防性的措施，如形成超正常的消费品贮存，或者，调整消费与储蓄、消费与投资之间的比例，即减少储蓄或投资，增加消费。

在这里，姑且不谈非均衡条件下的价格水平与均衡条件下的价格水平的差距有多大，就以非均衡条件下所形成的超正常的消费品贮存，以及为了应付经济中的不确定因素从而减少储蓄或投资而增加消费来说，假定所要达到的消费水平在物质内容上是相同的，那么在非均衡条件下需要有比在均衡条件下更多的消费支出。但消费品的价格水平仍然要被考虑。如果资源供给受限制，如果消费品市场不完善，这时的消费品价格就会高于均衡价格。而超正常的消费品贮存和消费支出的增加也会使消费品价格水平上升。消费品价格的上升又会使得在非均衡条件下需要有更多的消费支出，才能维持与均衡条件下相同的消费水平。这正是非均衡条件下企业和个人消费行为的特点。

四、非均衡条件下消费行为与资源配置的关系

在非均衡条件下，企业和个人的消费行为对资源配置的影响在某些方面同企业和个人的投资行为对资源配置的影响是相似的。

要知道，在均衡条件下，由于市场机制充分地起作用，在消费品生产过程中，资源将被配置于所需要的部门、地区和企业之间，消费品不会有生产过剩或短缺，至少就整

个消费品生产说来是这种情况。但在非均衡条件下，由于资源供给约束的存在和超正常的消费品贮存的出现，必然使得本来就已经出现的资源供给缺口进一步扩大，使本来已经不平衡的供求关系更加不平衡。

同非均衡条件下投资行为与资源配置之间的关系相似，在消费领域内一旦发生了资源供给的约束和超正常的消费品贮存现象，不仅原来的供给缺口会扩大，而且资源也难以按最有利于提高效率的方式组合起来，即资源的组合形式不得不适应资源供给的短线，使经济中的一部分资源得不到利用，或者只能按低效率的方式实现资源的组合。

此外，消费品的超正常贮存和资源以较低效率的方式实现组合，必然会对资源在消费品生产部门与生产资料生产部门之间的分配发生影响，即消费品的生产必然挤占生产资料的生产所需要的资源，从而对经济增长不利。这也是资源供给约束可能造成的后果之一。

第四节　资源配置过程中的市场自我制约

一、资源配置过程中市场自我制约的含义

资源配置过程中的市场自我制约是指在没有非经济因素干扰的情况下，市场有一种自我调理的功能，市场既不至于使经济过度膨胀，使之达到不可收拾的地步，又不至于使经济过度萎缩，使之陷于瘫痪状态。市场的这种自我调理对于维持社会经济的正常运行是不可缺少的。

为什么市场有这种自我调理的功能？这必须从参加市

场交易的微观经济单位（企业和个人）经济活动的特点谈起。假定没有非经济因素的干扰，社会的经济活动完全由无数个分散的微观经济单位（企业和个人）自发地进行，每一个微观经济单位都是经济活动的决策者，都能按照自己的利益自主地生产和经营，都能充分发挥自己的活力，那么它们的经济活动及其活力必然反映于它们争取实现自身利益的交换行为之中，也就是在市场上反映出来。所有这些微观经济单位的利益不可能是一致的。在市场关系中，它们在一些场合作为供给一方，在另一些场合作为需求一方，彼此进行交易，它们都指望通过这些交易来实现自己的利益。因此，对每一个微观经济单位来说，其余的微观经济单位既是协作者，又是竞争对手。它们彼此之间既有共同利益的存在，又有利益上的冲突。因此，各个微观经济单位的经济活动既有一致之处，又有不一致之处。

假定多数微观经济单位采取进取的、扩张的活动，社会经济就会趋向于扩张、膨胀。但在这个过程中，必然也有少数微观经济单位采取保守的、收缩的活动，这在一定程度上对社会经济的扩张、膨胀起了缓冲的、抑制的作用。不仅如此，当多数微观经济单位采取进取性的活动时，社会的总需求会增加，价格会上升，从而使原来从事进取性活动的微观经济单位重新考虑自己的利益。这样，社会经济扩张到一定程度之后就不会继续扩张下去，这正是市场的自我制约的一种表现。反之，假定多数微观经济单位采取保守的、收缩的活动，社会经济就会趋向于收缩、停滞。但在这个过程中，必然也有少数微观经济单位采取进取的、扩张的活动，这在一定程度上对社会经济的收缩、停滞起了缓冲的、抑制的作用。不仅如此，当多数微观经济单位采取保守性的活动时，社会的总需求会减少，价格会下降，从而使原来从事保守性活动的微观经济单位重新考虑自己的利益，这样，社会经济收缩到一定程度之后就不会继续收缩下去，这也是市场的自我制约的表现之一。[①]

二、均衡条件下市场的自我制约与资源配置

如果经济处于瓦尔拉均衡状态，那么市场在资源配置中的自我制约作用将是明显的。市场的这种自我制约作用可以顺利地通过每一个微观经济单位“内部经济与不经济”、“外部经济与不经济”的变化来实现。

从内部经济与不经济的角度来看，每一个微观经济单位在决定是否增加资源投入时，需要考虑资源投入以后平均成本、边际成本、平均收益、边际收益的变化。单位资源投入以后，如果内部经济增加了，内部不经济减少了，那么这样的资源投入不仅对微观经济单位本身有利，而且从社会资源配置方面来分析也是有效的，因为资源投入所导致的内部经济增加和内部不经济减少意味着资源投入的结果促成效率的提高。如果不是这种情况，即资源投入后内部不经济增加和内部经济减少，那么作为投资决策者和自主者的微观经济单位就会感到资源投入对自己不利，从而会停止资源的投入。从社会资源配置方面来分析，资源投入所导致的内部不经济增加和内部经济减少意味着资源投入是无效的，是促成效率下降的。因此，当微观经济单位感到这种资源投入对自己不利而决定停止资源投入时，这一决策符合社会资源配置的效率标准，即“无效的、促成效率下降的资源配置应当停止，有效的、促成效率提高的资源配置可以进行”的标准。

① 参看厉以宁：《社会主义政治经济学》，商务印书馆，1986 年版，第 322 ~ 323 页。

从外部经济与不经济的角度来看，各个微观经济单位在决定是否增加资源投入时，需要考虑由于资源投入而引起的整个部门的规模、全社会的生产规模的扩大所导致的外部经济与不经济的变动。外部经济与不经济的变动对某些微观经济单位的平均成本、边际成本、平均收益、边际收益变动的影响，将使这些微观经济单位感到自己的利益究竟是增加还是减少。它们必定是趋利而避害的。从社会资源配置方面来分析，资源投入所导致的外部不经济的增加和外部经济的减少，同样意味着资源投入是无效的，是促成效率下降的。因此，当多数微观经济单位感到资源投入的不利性而决定停止资源投入时，这一决策同样符合社会资源配置的效率标准。

由此可见，在均衡条件下，既然市场是完善的，价格是灵活的，微观经济单位资源投入是受自身利益支配的，那么资源配置必将受到市场价格的制约，资源必将被投入有效的部门、地区和企业，而从无效的部门、地区和企业流出。资源配置过程中的市场自我制约表现为：市场不可能使任何一种无效的资源投入持久化，市场将使资源配置自行符合效率标准。

三、两类不同的微观经济单位和两类不同的非均衡

从以上关于资源配置过程中市场自我制约的分析可以了解到，市场之所以能够在经济运行中对于过度扩张和过度收缩有自行调整和纠正的作用，是同参加市场活动的微观经济单位的充分活力紧密地联系在一起的。经济的均衡状态固然以市场的完善和价格的灵活为前提，但一个更为重要的或更为基本的前提则是微观经济单位的充分活力的存在。

由此可以把微观经济单位分为两类：一类是具有充分活力的微观经济单位，一类是不具有充分活力（直到完全缺乏活力）的微观经济单位。微观经济单位之所以具有充分活力，是因为它自主经营，自负盈亏，能够按照自己的利益进行各种投资机会的选择和生产经营方式的选择，能够按照自己的利益进行税后利润的分配，并且需要自己承担投资和经营的风险。这样的企业就是独立的商品生产者和经营者，这样的个人就是经济学意义上的、独立参加市场活动的交易者。如果微观经济单位不符合这些条件，它们必然不具有充分活力，直到完全缺乏活力。

在均衡条件下，微观经济单位无疑具有充分活力，这一点在前面已经指出。这里需要分析的是，在非均衡条件下，微观经济单位是不是必然不具有充分活力呢？为了说明这个问题，有必要把经济的非均衡区分为两类。

第一类经济非均衡是指：市场不完善，价格不灵活，超额需求或超额供给都是存在的，需求约束或供给约束也都存在着，但参加市场活动的微经济单位却是自主经营、自负盈亏的独立商品生产者，他们有投资机会和经营方式的自由选择权，他们自行承担投资风险和经营风险。

第二类经济非均衡是指：市场不完善，价格不灵活，超额需求或超额供给都是存在的，需求约束或供给约束也都存在着，不仅如此，参加市场活动的微观经济单位并非自主经营、自负盈亏的独立商品生产者，它们缺乏自由选择投资机会和经营方式的自主权，它们也不自行承担投资风险和经营风险。这样的微观经济单位没有摆脱行政机构附属物的地位。

如果经济的非均衡分为这样两类的话，那么可以认为：资本主义经济中所出现的非均衡属于上述第一类经济非均衡，至于社会主义经济中的情况，则需要区别对待。在传统的和双轨的经济体制之下，由于企业并没有摆脱行政机构附属物的地位，所以这种非均衡属于上述第二类经济非均衡；通过经济体制改革，建立了新的经济体制，在这种新体制之下，企业成为自主经营、自负盈亏，有投资和经营的自主权并相应地承担投资风险和经营风险的独立商品生产者了，那么这时的经济非均衡，就归入上述第一类经济非均衡。

第二类经济非均衡条件下的微观经济单位，显然是不具有充分活力的，甚至可能完全缺乏活力。

在第一类经济非均衡条件下，从微观经济单位本身来看，它们是具有充分活力的，但由于这些具有充分活力的微观经济单位处于经济非均衡的环境之中，它们在不完善的市场上进行交易活动，而价格又不是灵活的，信息也不完备和通畅，这样，即使它们本身具有充分活力，但这种活力的发挥却不得不受到环境的限制。例如，价格有刚性，它们就不一定能完全根据价格信号来调整生产；工资有刚性，它们也就不一定能完全根据资源的最优组合方式来配置和组合资源，等等。当然，微观经济单位有充分活力，但这种活力受到环境的限制，同它们不具有充分活力仍是很不一样的，这也就是第一类经济非均衡与第二类经济非均衡的区别。

四、第一类非均衡条件下市场的自我制约

前面已经指出，在均衡条件下，资源配置过程中的市场自我制约之所以能够有效，即市场之所以有可能不让任何一种无效的资源投入持久化，归因于两个条件：第一，市场是完善的，价格是灵活的；第二，微观经济单位具有充分活力，能够按照自身的利益进行交易活动和安排生产

经营。但在第一类经济非均衡状态中，这两个条件只剩下一个，即微观经济单位虽然是具有充分活力的，而市场却不完善，价格也不灵活，经济中或者存在着资源供给的约束，或者存在着需求的约束，或者二者同时存在。在这种情况之下，在资源配置过程中，市场的自我制约将以何种方式表现出来呢？市场自我制约的效果又如何呢？

应当把微观经济单位具有充分活力这个条件看成比市场完善这个条件更加重要。这是因为，市场的完善和价格的灵活，主要是为商品经济的发展创造一个良好的环境，而让微观经济单位具有充分活力，则是解决市场活动参加者的利益、责任、刺激、动力问题。即使市场是完善的，如果微观经济单位不能利用完善的市场和灵活的价格来进行交易，它们缺乏合理组合资源和提高资源利用效率的主动性、积极性，又不承担资源配置不当所造成的经济损失，那么，市场在资源配置过程中的自我制约作用也就非常有限。何况，微观经济单位在没有充分活力的情况下，对参加市场活动的利益与损失不敏感、不重视，那么市场也就只可能是不完善的市场。完善的市场要靠有充分活力的市场活动参加者（微观经济单位）来造就，而不能反过来，由完善的市场来创造有充分活力的市场活动参加者（微观经济单位）。

这意味着，第一类经济非均衡具有使市场自我制约的两个条件中的一个较重要的条件，即微观经济单位具有充分活力这一条件。这对于市场在资源配置中的自我制约作用的发挥是有利的。尽管市场不完善，价格不灵活，资源供给约束或需求约束存在着，但由于微观经济单位能够根据自己的利益来从事交易，它们从本能上是不会把资源投入无效的经济活动中去的，它们从本能上也会拒绝无效的、促成效率下降的资源组合和利用方式，因此，市场在资源配置过程中，实际上仍然按照效率标准来调整资源的投向和资源的组合，避免出现无效的资源投入的持久化。

然而，即使是第一类非均衡，它仍是一种非均衡，这时的资源投入毕竟不同于均衡条件下的情况。第一类非均衡对于微观经济单位的交易活动和资源利用方式的影响，主要表现于以下三个方面：

第一，在市场不完善、信息不完备和不畅通的条件下，微观经济单位在市场上得不到足够的、及时的信息，甚至它们得到的信息中有不少是不正确的。这些微观经济单位不得不在有限的信息，甚至错误的信息指引下进行资源投入和组合的决策，其结果，很可能给经济带来低效率，并且使社会的资源配置不符合效率标准。

第二，在价格不灵活，即存在着价格刚性的条件下，微观经济单位的资源配置的调整要受到限制。这是因为，价格的刚性并不能反映资源的稀缺程度和资源投入的效果，微观经济单位在组合资源时，不可能按照最优的方式来选择所需要的资源。如果个别微观经济单位在价格刚性条件下不能从优化资源组合的角度来利用资源，那么就全社会的范围而言，资源配置过程中的浪费或闲置就是不可避免的。

第三，由于资源供给约束和需求约束的存在，在供求不能平衡的场合要按照短线来配置资源。对微观经济单位来说，实际上是意味着竞争的加剧，即在供给约束的场合，微观经济单位作为需求一方，面临着资源有限的问题，从而不得不为获得供给而投入更多的力量；而在需求约束的场合，微观经济单位作为供给一方，面临着市场有限的问题，从而不得不为实现自己的销售而投入更多的力量。微观经济单位在供给约束和需求约束的场合，为争取货源和销路而投入的更多的力量，对社会而言，就是资源的超正常的使用。对资源的超正常使用是资源配置不当的一种表现。

第一类非均衡对于微观经济单位的交易活动和资源利用方式的上述影响，反映了市场的自我制约作用在第一类非均衡条件下虽然存在，但却受到了限制。

五、第二类非均衡条件下市场的自我制约

资源配置过程中市场自我制约取得效果的两个条件（市场完善和价格灵活，微观经济单位有充分活力），在第二类经济的非均衡状态中都不存在。这样，资源配置过程中的市场自我制约作用就受到了很大的限制。

前面在谈到第一类非均衡条件下，由于市场不完善和信息不完备、不畅通，由于价格刚性、资源供给约束和需求约束的存在等等而使得资源配置过程中市场自我制约作用受限制的情况，同样存在于第二类非均衡条件之下。但更重要的是，由于微观经济单位没有充分活力，甚至完全缺乏活力，市场自我制约作用所受到的限制就更为突出。可以从以下两方面来进行分析：

一方面，微观经济单位之所以缺乏活力，主要是由于它并未成为真正的利益主体，生产经营的成果同它的利益没有直接的、必然的联系；它也不为生产经营的失误或投资的失误而承担应有的经济损失。这样，微观经济单位既缺少动力和刺激，又缺少压力和责任感。明明是有利于自身经济利益的、从而也是有利于社会资源配置效率提高的，微观经济单位可能无动于衷，不屑去做；明明是不利于自身经济利益的、从而也是促成社会资源配置的效率下降的，微观经济单位可能照常去做。市场的自我制约作用在微观经济单位这种对资源配置的效率麻木不仁的态度面前显得

无能为力，因此也就谈不到如何以效率标准来制约对资源的投入和利用。

另一方面，微观经济单位之所以缺乏活力，并不仅仅由于它对生产经营中的利益与损失关心不够或不予关心，而是由于它的一切生产经营都要受到行政部门的限制，微观经济单位必须按行政部门的命令行事。因此，即使某些微观经济单位关心生产经营的利益与损失，并且希望按照利益原则来调整自己的资源投向和资源使用方式，但它们作为行政机构附属物的地位决定了它们难以按照自己的意愿和利益原则去做。于是资源配置中市场的自我制约作用就无从发挥。

以上这两个方面充分说明，在第二类非均衡条件下，实际上很难使市场在资源配置过程中发挥其应有的自我制约作用。这正是第二类经济非均衡与第一类经济非均衡的显著区别。如果说在第一类非均衡条件下，资源配置过程中的市场自我制约作用虽然受到一定的限制，但毕竟存在并起作用的话，那么在第二类非均衡条件下，资源配置过程中的市场自我制约作用几乎发挥不出什么作用。

于是在第二类经济非均衡条件下经常出现这样的情况：如果资源投入不当，资源组合形式不合理，资源使用的效率下降等等情况发生了，市场不可能纠正它们；或者，即使市场会发出警告的信号（某些资源供求缺口的扩大、社会经济效益的降低、价格大幅度变动等等），但微观经济单位接收不到这些信号，或在收到信号之后不可能调整自己的资源投向和资源组合形式，甚至不愿意调整自己的资源投向和资源组合形式。资源配置失调的状况将延续下去，并且越来越严重。那么，最终的结果又将是什么呢？不外乎以下三种情况中的一种：

第一种情况——由于资源配置失调的日趋严重而导致

的经济恶化，迫使政府采取非经济的手段来干预经济，扭转资源配置的失调现象。这是一种非市场的制约方式，在第二类非均衡经济中，这种方式的干预（通常被称为“纠偏”、“政策调整”等等）屡见不鲜。需要指出的是，这里所提到的政府，是指最高决策当局而言。只有在最高决策当局察觉到资源配置失调问题的严重性并且下决心“纠偏”、“调整政策”之后，这种非市场的扭转资源配置失调的方式才有可能被运用。从时间上看，等到最高决策当局察觉到问题的严重性并且下决心“纠偏”、“调整政策”时，肯定已有较大的“滞后”，这给经济造成的损失也肯定是相当大的。

问题还在于最高决策当局如何“纠偏”。只有在最高决策当局真正认识到资源配置失调现象的产生及其日益严重的原因在于第二类经济非均衡（即市场不完善、价格不灵活和微观经济单位缺乏充分活力），并且决心从消除第二类非均衡的措施着手时，这种“纠偏”才能取得真正的效果。否则，如果最高决策当局只是想用某种非经济的干预方式来扭转资源配置失调状况，而又继续保持第二类非均衡经济，那么至多只能暂时缓和一下资源供求的紧张状态，而使得资源配置失调的问题持久化、复杂化，以至于不得不在间隔一段时间之后，再次“纠偏”，再次“调整政策”。不仅如此，最终的结果必定是：问题越积越多，阻力越来越大，“纠偏”越来越困难，“纠偏”所取得的效果也越来越差。

第二种情况——在资源配置失调日趋严重和由此引起的经济恶化的情况下，政府不采取非经济的手段来干预经济，即政府不准备着手扭转资源配置的失调现象。那么，这种情况的继续发展，可能带来如下的结果：问题越积越多，当问题积累到一定程度以后，资源供求之间的矛盾充分暴露出来，这时，不仅经济中出现“滞”、“胀”或“滞胀”现象，而且严重的“滞”、“胀”或“滞胀”可能使经济处于濒临瘫痪的境地。到了这个地步，也只有到了这个地步，市场在资源配置过程中的自我制约作用才会比较明显地表现出来。这是指，经济的混乱和经济濒临瘫痪的状况将迫使微观经济单位自谋出路，于是本来缺乏充分活力的微观经济单位在极度困难和几乎绝望的条件下，不得不为了自身的利益（甚至是为了本单位职工的利益），自行通过交易活动而谋求出路。

在第二类非均衡经济中，这时所出现的微观经济单位之间为自身利益而进行的交易活动，有不少属于地下交易活动。也就是说，地下市场这时将迅速发展起来；而这时迅速发展起来的这些地下市场可能使一些微观经济单位为了进行有利于自己的交易而付出昂贵的代价，还可能使资源配置的方向进一步扭曲。但不管怎样，地下市场毕竟是一种“市场”。在这种“市场”上，供求双方的交易可能摆脱非经济因素的某些干扰，而由商品的稀缺程度以及由此决定的价格（类似于不完全竞争价格）来影响供求双方的交易。市场在资源配置过程中的自我制约作用，在这种“市场”上反而能够表现出来，使供求双方在双方都能接受的条件下成交。地下市场的活动在这种情况下多多少少起着缓解经济困境的作用，使资源配置的失调不至于严重到使整个经济陷于解体的地步。尽管这一切是带有讽刺意味的，但在第二类非均衡经济中，这种现象却很有可能发生。

第三种情况——在资源配置失调日趋严重和由此引起的经济恶化的情况下，政府认识到问题的根源在于经济的非均衡程度加剧，而且认识到经济的非均衡不仅表现于市场的不完善，更重要的是表现于微观经济单位缺少活力，于是政府着手进行经济体制改革，从增加微观经济单位的活力和逐步使市场完善方面采取相应的措施；同时，在经济体制改革过程中，在宏观经济调节方面也采取一些措施，使政府调节与市场调节较好地结合起来，争取缓和资源配置中的矛盾，使社会的资源投向和资源组合逐渐趋于合理。

毫无疑问，第三种情况的出现并不是很容易的。当经济处于第二类非均衡状态之中时，经济的运动有一种惯性，使最终结果更接近于上述第一种情况。至于第二种情况，通常不是第二类经济的非均衡条件下政府所希望出现的，而很可能是在政府干预无效，对经济的混乱找不到有效的对策时，经济自发地趋向的结果。如果经济趋向第二种情况，那么这也很可能是由于政府既在资源配置严重失调面前无能为力，而又对地下交易活动无能为力的缘故。但第三种情况的出现却需要有一系列前提：

首先，资源配置的严重失调和经济的恶化使政府认识到经济体制改革的必要性，特别是认识到通过经济体制改革，使微观经济单位具有充分活力的必要性；

其次，政府在经济体制改革方面采取了一些有效的措施，使微观经济单位逐渐摆脱原来作为行政机构附属物的地位，有了内在的动力和外部的压力，关心自己的利益与损失；

再次，与此同时，政府采取适当的宏观经济调节措施，使资源配置的失调状况趋于缓解，使市场的自我制约的作用逐渐发挥出来；

最后，在经济体制改革和政府经济调节都取得成效的基础上，经济中逐渐形成了由市场调节与政府调节共同组成的二元机制；在二元机制起作用的情况中，资源配置状况将会逐渐好转。

可见，这一系列前提中的任何一个前提，都不是轻易地能实现的。但在第二类经济非均衡条件下，如果说资源配置的严重失调最终有三种可能的结果的话，那么惟有第三种结果才值得争取实现。而一旦实现了第三种情况，第二类经济非均衡就转变为第一类经济非均衡。如果说经济的均衡缺乏现实性，那么第一类经济非均衡的实现不失为一种次优的选择。

当然，在第一类经济非均衡条件下，由于有市场不完善程度的差别、价格不灵活程度的差别、信息不完备和不畅通的程度的差别、资源供给约束程度和需求约束程度的差别等等，因此按照这些差别，就会有各种程度不等的非均衡。对社会主义社会的资源配置问题的研究，正是为了说明在程度不等的非均衡条件下如何运用市场机制和政府调节来促进资源配置从不合理转向合理。

第三章

政府调节与资源配置

第一节　政府调节的含义

一、政府调节与计划

政府调节是指政府按照市场的实际情况，采取一定的措施，对经济进行调节，使经济的运行和经济的发展符合政府预定的目标。

政府调节的范围要比通常所说的计划调节的范围广泛，计划调节是政府调节的一种形式。一般地说，计划调节是一种经济调节，即政府运用计划（包括指令性计划和指导性计划）所进行的调节，并且它的特点在于“计划性”。政府调节不限于计划方面的调节，也不限于经济的调节。当政府认为有必要时，可以运用行政的、法律的、经济的手段进行调节，而在经济方面，可以用计划的或非计划的手段进行调节。同时，政府的调节不一定是事先安排好的、有计划的，在必要时，政府可以相机地采取调节措施，采取临时的、应急的、非常的手段。

在计划调节方面，政府可以采取的调节措施包括：计划价格调节，计划财政和信贷调节，计划收入调节，计划汇率调节等等。这些措施的主要内容是：

计划价格调节，是指政府根据市场的实际情况，制定计划价格，或用它来直接影响市场价格，或以它作为价格的指导线，作为间接影响市场价格的手段。计划价格调节也可以采取如下形式：即政府以规定的价格作为惟一的价格。

计划信贷调节，是指政府根据市场的实际情况，制定计划利息率来影响市场利息率，或规定计划信贷规模，以此作为调节信贷的依据。计划信贷调节可以采取如下形式，即政府只容许存在单一的利息率，以计划利息率作为惟一的利息率；或者，政府只容许存在单一的信贷制度，即计划的信贷量是惟一的可以存在的信贷量。

计划财政调节，是指政府运用财政的收入和支出来调节经济。财政调节的计划性主要体现于财政预算的编制的执行上，即政府考虑到现实和未来的市场情况，用税收(包括税种、税率)、国家其他收入、各项财政支出的变化作为调节手段对市场发生影响。

计划收入调节，是指政府根据居民收入的现状和今后的变动趋势，运用财政、信贷、价格等手段，对居民收入进行有计划的调节，使居民收入的平均水平、居民之间的收入分配格局、居民收入的差距等等与政府预定的收入分配目标相符。

计划汇率调节，是指政府根据国际收支的实际情况和变动趋势，有计划地调整汇率或调整汇率制度，使外汇的收入与支出与预定的经济目标相符。

由此可见，计划调节作为政府对经济的调节方式，其特点在于调节的计划性。政府调节的范围要比计划调节广泛，政府调节，除上述内容外，还包括了非计划的调节和非经济的调节。即以前面提到的价格、信贷、财政、收入、汇率的调节而言，政府可以根据实际情况，运用行政、法律等手段来管理市场，直到对价格、信贷、收入采取冻结的措施。政府可以采取紧急的、非计划的调节手段。例如，在财政方面，可以根据需要开征某种临时性的税收，可以根据需要安排某些特别的支出；在价格、汇率等方面，也可以采取某些机动的措施，如果把政府调节与计划调节等同起来，那显然是不妥的。

二、政府作为市场的管理者

前面曾把市场比喻为资源组合的大型搅拌机，搅拌过程就是资源组合的选择过程，市场这个大型搅拌机的活动，可以分为生产、销售、分配三个环节，这三个环节同市场的投入决策、市场的产出决策、市场的分配决策这三项决策相适应；在市场这个大型搅拌机中，将不断完成市场的各种选择，使资源的组合和使用符合资源配置的效率标准。

如果把市场比喻为一个大型搅拌机，那么正如搅拌机需要由管理者进行管理一样，市场也需要管理者。政府调节在资源配置中的作用在某种意义上类似于这个大型搅拌机的管理者。政府可以在资源供给不足或需求不足的场合，调节资源供给和需求，把有限的资源配置于各个需要资源的领域；把有限的市场配置给各个供给者。政府还可以直接作为供给者和需求者起作用。也许更加重要的是，政府作为市场的管理者，有责任维护市场的秩序，保证市场交易活动的正常进行，正如搅拌机的管理者有责任排除搅拌机运行过程中的故障，保证搅拌机正常运转一样。①

政府作为市场秩序的维护者，作为必要时的直接供给者和直接需求者，对资源配置所起到的作用是比较清楚的。需要进一步阐明的是：政府作为影响市场选择者，作为影响参加市场活动的微观经济单位的投入、产出、分配行为的力量，在资源配置中是怎样发挥作用的？政府的这些影响与市场这个大型搅拌机的运转之间究竟是什么样的关系？对此，仍有必要从市场选择谈起。

市场选择无非是投入的选择、产出的选择、分配的选择，而所有这些，都可以被看成是资源组合的选择。如果社会经济中的资源供给是有限的，并且不同的资源的短缺程度不相等，那么政府调节的作用在于影响微观经济单位的投入、产出和分配的选择，即政府采取一定的措施，使微观经济单位感到某种资源组合方式对自己比较有利，某种资源组合方式对自己不利，从而作出符合政府意图的选择。政府调节在这里所起的作用，不是把自己的意图强加给各个微观经济单位，而是使微观经济单位产生内在的动力，以自己的选择来谋求利益。微观经济单位的主动性、积极性不会因政府的调节而有所削弱。即使微观经济单位感到政府的某种措施对自己进行某种资源组合方式的选择是不利的，因而放弃了该种资源组合方式，但这时，微观经济单位依然是有活力的资源组合选择的决策者，它放弃该种资源组合方式，是出于对自身利益的考虑，而不是屈服于政府的行政压力。

仍以搅拌机作为比喻。市场作为资源组合的大型搅拌机，当各种资源被投入时，它始终在运转。它运转的动力

---

① 参看厉以宁：《国民经济管理学》，河北人民出版社，1988 年版，第 424 页。

来自内部，即市场机制运行的动力来自参加市场活动的各个微观经济单位的活力。政府的调节不能挫伤这种活力。微观经济单位越有活力，市场的运行就越顺利，从而投入市场的各种资源也就越能在这个大型搅拌机内自由地组合、有效地组合。反之，如果政府的调节使微观经济单位的活力受到抑制，微观经济单位变得呆滞、麻木，搅拌机就不易运转，或者运转得十分缓慢，以致达不到有效地配置资源的目的。

三、科学的政府调节

政府调节应当有科学的依据，应当符合客观事实。不科学的政府调节对资源配置极其有害。在二元机制中，与市场机制并存并且起作用的政府调节，是指科学的政府调节。关于这个问题，可以从以下三个方面来说明：

第一，从投入的角度来看，如果没有政府调节，那么在单一的市场调节之下，每个微观经济单位将按照市场对所投入的要素的评价而考虑自己的投入品种和数量。如果微观经济单位投入的品种和数量同市场所需要的不一致，那么市场对不同的要素的评价将有所变动，这一变动的信息被微观经济单位接收后，它们就会相应地调整自己的投入，这一过程不间断地进行，逐渐使微观经济单位所投入的与市场所需要的在品种上和数量上比较接近。这时，如果政府进行了不科学的调节，使得市场对所投入的要素的评价扭曲了，于是市场或政府传递给微观经济单位的将是扭曲的信息，微观经济单位的投入与市场所需要的投入之间的差距不仅不会缩小，反而会越来越大。

第二，从产出的角度来看，如果没有政府调节，那么在单一的市场调节之下，每个作为供给一方的微观经济单位将按照需求一方所提出的要求安排产出，而需求一方所提出的要求主要是通过市场传递给作为供给一方的微观经济单位的。于是，供给一方微观经济单位将按照这些要求不断地调整自己产出的品种和数量，以适应需求。如果政府这时进行了不科学的调节，供给一方微观经济单位不可能从市场上或直接从需求者那里得到比较准确的信息，它们的产出无论在品种上还是在数量上同需求之间的差距也会扩大。

第三，从分配的角度来看，如果没有政府调节，那么在单一的市场调节之下，每个微观经济单位将根据自己的具体情况和市场的前景来分配自己的收入，确定消费、储蓄、投资的比例。在微观经济单位的分配决策中，起主要作用的是利益的比较。尽管各个微观经济单位根据自己的利益而安排的收入分配的格局不一定符合社会资源组合的总的格局的要求，但由于市场机制起作用的结果会使得微观经济单位的目前利益和预期利益不断变动，所以微观经济单位的收入分配格局也会不断变动，并逐渐与社会资源组合的总的格局相接近。这时，如果政府进行了不科学的调节，使社会资源组合背离效率标准，使微观经济单位的收入分配格局在得不到比较准确的市场前景的信息前提下被扭曲，这样，微观经济单位关于消费、储蓄、投资之间的分配比例同社会资源组合的要求的差距也会越来越大。

以上都是从政府作为间接影响市场选择的力量的角度来分析的。即使如此，也可以清楚地了解到不科学的政府调节给资源配置造成的不利后果，假定政府的不科学的调节以直接供给者和直接需求者的身份出现，假定政府直接以不科学的方式干预投入、产出和分配，或者，假定政府以错误的决策来排斥市场的作用，那么，不科学的政府调节给资源配置带来的损失将会比以上所分析的大得多。

第二节　政府行为的非理想化及其对资源配置的影响

一、政府行为非理想化的含义

政府调节的科学与不科学的基本分界线在于是否按照客观经济规律来进行调节，也就是是否与客观实际相符合。但对于客观经济规律的认识程度与这些规律的运用程度的差别，仍是不容忽视的。政府即使主观上尽力想按照客观经济规律来进行调节，但由于种种条件的限制，结果不一定能实现这一目的。由此产生政府行为的非理想化问题。

政府行为的非理想化与政府行为的理想化不仅仅是政府进行调节的结果的不同，而首先是两种信念的不同。政府行为的理想化建立在这样一个假设之上，即假设存在着一个理想化的政府，它作为经济活动的主持者，它有各种手段可以运用，它可能掌握充分的信息，能够通过分析手段对客观存在的问题和政策实行的后果作出准确的预测和周密的考虑，并能针对各种可能发生的情况一一采取适当的对策。这样的政府，实际上是一个“万能”的政府：只要它准备怎样进行调节，它就能主动地采取调节措施，按原定计划进行调节；一旦它采取相应的调节措施，它就一定能达到目的。因此，政府行为的理想化假设是建立在政府有一种非凡的、万能的力量的信念之上的。政府行为非理想化是指：政府的行为由于受到客观与主观的限制，不一定能充分实现自己的政策目标。它与政府行为理想化分别建立在不同的信念之上。

这也就是说：理想化的政府正如理想化的人一样，是书本上的东西，是某些学者头脑里的东西，实际上是不存在的，任何一个政府，即使它是由最有经验、最有才干的人组成的，也仍然会有种种主观的和客观的限制。它不可能掌握全部信息，从而不可能在掌握了全部信息之后再作出决定。何况，即使它有可能利用一切可能利用的手段作出决定，但为此需要花费的时间可能过长，付出的代价可能太大，所以这也是缺少实用价值的。出于同样的原因，政府也不可能对经济变动的前景和政府实行的后果有确切的了解，许多情况是政府难以预料和难以控制的。在一个充满着不确定性的世界中，政府起不到决定一切的作用，政府的力量受到种种限制，把政府行为理想化，实际上忽略了经济生活的复杂性、易变性，高估了政府调节在经济生活中的作用。只有从政府行为的非理想化假设出发，才能通过对政府调节作用的分析而得出符合实际的结论。

二、政策效应的滞后性

为了进一步说明政府行为的非理想化，让我们从政府效应的滞后性谈起。

假定政府在经济生活中起着调节作用，而且政府的经济调节是通过一定的政策来实现的。在这里，姑且不谈政府对经济现象的认识的滞后性（即在经济中出现了某种问题，政府对这一问题的认识会有一个过程；从经济中问题的出现到政府对这一问题有了较清楚的认识之间的时间间隔，被称为认识的滞后）、政府对于是否需要采取调节措施的判断的滞后性（即政府在对经济中出现的某一问题有了较清楚的认识之后，便考虑是否采取调节措施，在这里有一个判断的过程；如果政府认为不需要进行调节，那么即使政府认识到问题的存在，仍不会采取调节措施；只有在政府认识问题的存在，并认为需要进行调节时，才会采取调节措施；从政府认识到问题的存在到政府经过判断而决定进行调节之间的时间间隔，被称为判断的滞后）、政府对于调节方案或调节措施的选择的滞后性（即政府在决定进行调节之后，必须对调节的方案或调节的措施作出选择；在这种情况下，很可能没有一种现成的可供采用的方案，或者现有的调节措施不能适应需要，于是政府还必须有一定的时间来等待新的方案或新的调节措施的产生；因此，从政府决定进行调节到政府掌握了某种调节方案或某种调节措施之间的时间间隔，被称为选择的滞后），仅以政府执行过程中和执行以后所出现的政策效应的滞后性而言，政府行为的局限性就表现得相当明显。

政策效应的滞后性是指：在政府决定采取某一种调节措施并把它付诸实施之后，这种调节措施不会立即产生效果；根据调节措施的性质的不同和强度的差异，不同的调节措施起作用的时间不同，效应的出现也有早有晚。从政府实施某种调节到这种调节措施产生效果之间的时间间隔，被称为政策效应的时间差。以政府调节经济时经常采取的税收政策和利率政策为例。如果政府为了控制消费要求，采取提高个人所得税率的措施，那么这一措施之所以能够对消费需求起到紧缩作用，是由于个人所得税率的提高减少了人们纳税后的收入，并且在假定人们的消费支出的收入中的比例不变，而人们的消费偏好可以有一定的变换条件下，人们由于纳税后收入的减少而相应地减少了消费支出。但这一调节措施从开始实行到社会消费需求的收缩之间有一个较长的过程，并不是一开始提高个人所得税率，社会的消费需求马上就可以被压缩下来。以利率政策来说，如果政府为了扩大投资需求，采取降低中央银行贴现率的措施，那么这一措施之所以能够对投资需求起到刺激作用，是由于企业感到利率的下降使得投资变得有利可图，于是在假定预期利润率不变的条件下，企业会由于预期利润率同利息率之间差距的扩大而相应地增加了投资支出。但这一调节措施从开始实行到企业愿意增加向银行的借款和增加投资之间也有一个较长的过程，并不是中央银行一降低贴现率，社会的投资需求立即就扩大的。

其他的政府调节措施，如调整汇率到国际收支的变动，调整计划价格到社会总需求与总供给之间关系的变化等等，也都有政策效应的滞后。这是因为，经济中的交易活动是通过市场进行的，而参加市场交易的是各个分散的、有自身经济利益的微观经济单位。政府的各种调节措施最终能否发生效果，要由这些微观经济单位、经济活动的变化来体现。从调节措施的开始实行，到各个微观经济单位受到调节措施所导致的经济活动的影响，再到各个微观经济单位以此为依据来调整自己的经济行为，这一过程有长有短，但不管怎样，政策效应的滞后是不能避免的。

要知道，以上所分析的政策效应的滞后性与政府调节是否科学并没有直接的联系。政府调节不是科学的，政策效应有一定的滞后；政府调节具有科学性，政策效应同样会滞后。区别不在于政策效应是否有滞后，而在于政策效应是否有利于经济的运行和实现预定的经济发展目标。当然，如果政府调节是科学的，并且政策在选择调节方案和调节措施时有比较充分的考虑，政策执行过程中又考虑到可能出现的某种新的情况，从而使政策的执行比较顺利，那么政策效应的滞后可以缩短一些，但这依然不意味着政策效应滞后性的消失。

三、政策效应的不平衡性

政策效应的滞后性反映了政府调节的某种程度的局限性。但政府调节的局限性不止于此。政府效应还有不平衡性，这种不平衡性一方面反映了经济生活本身的复杂性，另一方面反映了政策的作用是受限制的。

经济生活中的许多问题，从不同的角度来看，可以分为两个对立的方面。例如，价格、工资、利润、税收、利息、福利、企业等等，有上升，也有下降，有增长，也有减少。又如，收入可以分解为消费和储蓄，支出可以分解为消费和投资；用于消费的收入多了，在一定的收入前提下，用于储蓄的收入就少了；用于消费的支出多了，在一定的支出前提下，用于投资的支出就少了，这也是对立的关系。再如，一定的资源，用于A领域就不能再用于非A领域，A领域用多了，非A领域就必然少用，等等。政策效应的不平衡性是指：一项政策被实施后，假定它在经济生活中发生了作用，但很可能在同一个领域内的两个对立的方面所起的作用是不相等的。例如，经济生活中存在着价格刚性、工资刚性、福利刚性、就业刚性等等现象，对价格、工资、福利、就业等等发生作用的调节措施就会产生不平衡的效应。由于价格、工资、福利、就业都具有易于增长而不易下降这一特殊的性质，这就使得价格政策、工资政策、福利政策、就业政策在刺激价格、工资、福利、企业增长时易于奏效，而在抑制价格、工资、福利、就业增长时，尤其是在降低价格、工资、福利、就业时难于奏效。这就是政策效应不平衡性的一种表现。

再以收入分解为消费与储蓄两个方面或支出分解为消费与投资两个方面来看，同一种政府调节措施对这两个不同的方面的影响也是有差异的。例如，消费在收入中所占比重偏高而储蓄在收入中所占比重偏低时，如果采取财政调节措施，那么对消费可能起到较大作用而对储蓄则起不了多大作用；如果采取信贷调节措施，情况就相反，它们对储蓄可能起到较大作用而对消费则起不了多大作用。又如，在储蓄转化为投资的问题上，政府采取各种调节措施的效应可以大体上归结为：要加速储蓄向投资的转化比较难于取得理想的结果，而要减缓储蓄向投资的转化，则比较易于取得理想的结果。具体地说，只要政府增加企业的税收或提高企业的贷款利息率，储蓄向投资的转化就会减缓下来；而政府降低企业的税收或降低企业的贷款利息率，那么储蓄固然会向投资转化，但不一定转化得那么顺利，那么容易。也许政府必须用更大的努力，或者用更强有力的措施才能达到预定的目的。为什么会这样？这与企业的动机同居民的动机的差异有关。

要知道，尽管企业和居民都是经济活动的主体，在经济活动中都要受到政府的调节措施的影响，但它们的动机是有差异的。企业的动机可以归结为利润最大化，至少可以归结为以利润最大化为主，企业的其他动机即使存在，但相形之下是次要的。居民的动机要比企业的动机复杂，个人收入的最大化是居民的动机之一，但居民还有其他一些动机，他们并不一定是次要的。随着居民收入水平的上升，其他一些动机的相对重要性也会增大。投资的主体主要是企业，储蓄的主体主要是居民。这意味着，投资行为主要受利润最大化的影响，而储蓄行为则不一定主要受个人收入最大化的影响。政府的调节通常是从利润最大化或收入最大化的角度来考虑的，即政府希望投资行为和储蓄行为的主体会使自己的行为趋向于利润最大化或收入最大化的目标，从而使政府的调节措施生效。现在，既然居民作为储蓄主体的行为比企业作为投资主体的行为更加偏离利润最大化或收入最大化这一主线，所以政府调节储蓄的措施必定比政府调节投资的措施要难以达到预定的效果。

四、政策效力的递减

在讨论政府行为的非理想化时，还有必要考察一下政策效力递减问题。政策效力递减是指：政府的某项调节措施被付诸实施后，一开始可能是比较有效的，但久而久之，它的效力就减少了，以至于到了后来，即使该项调节措施仍然存在，但它的作用却微不足道了。

为什么会有这种情况，可以从四个不同的方面来分析：

第一，情况的变化或新情况的出现。

当政府开始制定某种政策或调节措施时，或者没有预料到未来情况的变化和新情况的出现，或者由于主观条件的限制，对形势的发展估计不足，因此，在政策或调节措施付诸实施后，一旦遇到了非预料的新情况，原来制定的政策或调节措施的效力不可避免地会递减。即使当初决策时考虑得再周密，也难免这种情况的发生。这反映了政府行为的局限性。

第二，政策或调节措施的副作用。

任何一项政策或调节措施都可能产生某种副作用。比如说，它在有利于达到这一预定目标的同时，也可能发生不利于实现另一预定目标的作用。后一种作用被称为副作用，它是就消极的意义上说的。这种副作用可能是在某种政策或调节措施一开始实行时就已经存在的，只不过当时不显著，但后来才逐渐表现出来；这种副作用也可能是在某种政策或调节措施实行到一定时期之后才出现的。但不管怎样，政策或调节措施实行的时间越长，它的副作用就越明显。这种副作用对政策的效力的抵消作用也会越来越大。

第三，微观经济单位针对有关的政策或调节措施而采取“反对策”。

假定某种政策或调节措施会对微观经济单位的经济活动有所限制，或者不利于微观经济单位的盈利行为，于是微观经济单位就会从自身的利益出发，采取某种“反对策”，以便使该种政策或调节措施的效力下降，至少使该种政策或调节措施不至于对自身不利。

应当指出，微观经济单位的“反对策”通常是在合法条件下进行的。当然，这不排斥微观经济单位可能不顾法令，干出一些违法的事情。如果出现了这种情况，政策的效力肯定会下降。但这种情况的出现不能被看成是政府行为非理想化的证据。只要政府严格按照法律办事，严肃处理违法行为，那么政府是有能力减少微观经济单位的违法行为的。至于在合法条件下进行的“反对策”，则与政府行为的非理想化直接有关。这是指：当微观经济单位发现自己的利益在政府的某种政策或调节措施起作用的情况下有所损失时，它们有可能设法绕过政府调节所设置的束缚性的措施，自行寻找可以实现利益的途径；它们也可能利用市场机制，在比较熟悉的经济环境中，作出灵活的反应，以谋求自己的利益；它们还可以寻找政策与政策之间的间隙，或者利用对某些政策或调节措施的含糊不清的解释，作出有利于自己的决策。这一切都以不违法为前提。由于政策或调节措施不可能达到尽善尽美的程度，因此微观经济单位在合法条件下使政策效力递减，是完全可能的。

第四，微观经济单位通过对政策或调节措施的预测而采取预防性措施。

微观经济单位有自己的独立的经济利益，它们会从各个方面收集信息，并根据已有的信息对政府的政策动向进行分析、预测。如果它们通过这种分析而预测到政府下一步将要采取什么样的调节措施，并且这些即将出台的调节措施可能给自己带来什么样的不利影响，那么就会采取预防性的措施，使政策的效力减少，甚至使政策无效。微观经济单位采取的这种预防性措施，同样可以在合法的条件下进行。当然，在微观经济单位对政府的行为进行预测和采取预防性措施的同时，政府也可以对微观经济单位的行为进行预测并采取抵消这些预防性措施的措施。从理论上说，政府完全有理由这样做，并有可能这样做。但实际上，政府总是处于被动的地位。这是因为，政府的决策过程与微观经济单位的决策过程相比，不如后者及时、灵活。政府是一个，企业和个人是无数个。无数个企业和个人的眼光都集中到政府身上，而政府却无法把眼光具体地投向每一个企业和个人。政府的行为易于被公众所认识，而政府却不易于了解每一个企业和个人的行为，不了解他们下一步可能采取什么样的行动。这也决定了政府行为的局限性。

五、政府行为非理想化条件下的资源配置

以上讨论了政策效应的滞后性、政策效应的不平衡性和政策效力递减问题。这些都说明了政府的行为并不是理想化的。政府的决策比较符合客观经济规律，趋向于民主化、科学化，那么政府行为的非理想化程度就相对地弱一些；反之，则政府行为的非理想化程度就强烈一些。总之，政府行为非理想化的情况普遍存在着。

现在需要研究的是政府行为非理想化条件下的资源配置。首先要研究政府作为直接投入者和直接产出者的资源

组合问题。政府作为直接投入者，可以弥补市场的投入不足，即可以弥补微观经济单位的投入不足。政府作为直接产出者，则可以弥补市场的产出不足，也就是弥补微观经济单位的产出不足。在投入不足或产出不足的场合，政府的投入或产出是必要的。但政府的投入或产出应当符合经济规律的要求，符合资源配置的效率标准。

更具有普遍意义的是政府作为各种经济调节手段的运行者对资源配置的作用。在这种场合，无论政府是运用财政、金融、价格、汇率等调节手段来影响市场关于投入的选择，还是政府运用这些调节手段来影响市场关于产出的选择，都同这里已经讨论过的政策效应的滞后、政策效应的不平衡，以及政策效力的递减有关。政府行为的非理想化必然在不同程度上表现出来，使政府调节的实际效果同预定的调节效果有一段差距。

由于政策效应具有滞后性，所以政府用来影响社会资源配置的调节手段在实施之后，要有一段时间间隔才能发挥作用。当然，假定政府了解到自己的调节措施的效应是滞后的，那么从理论上说，政府不妨采取超前性的调节措施，以便把从开始实行调节到调节措施发挥作用之间的时间间隔缩小或消除，但这是不现实的。政府采取超前的调节措施的可能性很小。政府不可能在资源配置问题还没有明显暴露出来的时候就预先采取适当的调节措施。政府更可能是资源配置的事后调节者，而不是事前调节者。这样，调节措施效应的滞后也就难以避免。这种滞后性必定使调节的效果减少。此外，在开始实行调节到调节措施发挥作用这段时间间隔内，很难认为情况不会发生变化，甚至可能发生这样的情况，即还等不到上一轮的调节发挥作用，由于情况的变化而不得不又推出第二轮的调节措施，而又等不到第二轮的调节发挥作用，情况的再次变化又不得不推出第三轮的调节措施……即使我们还不能由此得出政府调节没有什么效果的论断，但至少可以得出这样两点结论：第一，在资源配置中，政府的调节难以达到预定的目标；第二，在资源配置中，政府常常处于被动的状态，也就是常常处于“事后补救”的境地。

再考虑政府调节效应的不平衡问题及其对资源配置的影响。政策效应的不平衡表明，当政府为了预定目标而采取影响资源配置的措施时，虽然主观上想影响微观经济单位的投入或产出行为，但这些调节措施并不是那么灵活的。价格刚性、工资刚性、就业刚性、福利刚性等等的存在，使得政府只能达到或接近某一方面的调节目的，而难以达到另一方面的调节目的。比如说，即使政府花费较大的努力，要想把价格降下来，把工资降下来，把就业人数减少，或把福利支出减少，都不易做到。换言之，如果说在某种情况下，惟有把价格、工资、就业率、福利支出在国民收入或财政支出中的比例降低才能实现资源的比较合理的配置，那么政府的力量实际是有限的。再说，正如前面已经分析的，由于企业作为投资主体和居民作为储蓄主体各有不同的动机，而且居民的储蓄动机要比企业的投资动机复杂，因此政府的调节措施在影响投资方面所取得的效果要比影响储蓄方面所取得的效果明显。这意味着，如果说在某种情况下，惟有把储蓄转化为投资或者惟有使储蓄少转化为投资才能实现资源的比较合理的配置的话，那么政府的力量实际上也受到了限制。

最后，应考虑政策效力递减对于社会资源配置的影响。这种影响也许更能显著地反映出政府调节的局限性。要知道，在市场中，投入和产出的主体主要是各个微观经济单位，它们之所以采取这种资源组合方式而不采取另一种资源组合方式，是同预期利益的多少联系在一起的。政府的调节无非是想通过财政、金融、价格、汇率等手段来改变微观经济单位的预期利益，从而改变微观经济单位原定的资源组合方式，使它们选择符合政府预定目标的资源组合方式。政府的这种意图究竟能否达到，不依政府的愿望为转移，而要取决于下述三点：

第一，政府的调节措施是否足够有力？是否能够改变微观经济单位的资源组合的决策？

从政策效力递减的角度来看，对这一点不得不有所怀疑。政府的调节不一定有足以改变微观经济单位资源组合决策的力量。何况，即使政策初始实施时有这种力量，但随着时间的推移，政策效力递减了，政府改变微观经济单位资源组合决策的力量也就减弱了。

第二，微观经济单位在衡量自己的利益与损失后，会不会接受政府的调节而改变原来的资源组合决策？

虽然政府的调节能够给微观经济单位带来一定的好处，但如果微观经济单位按照原定的资源组合来投入和产出却能得到更多的好处；或者，虽然不接受政府的调节会使微观经济单位受到一定的损失，但如果微观经济单位放弃原定的资源组合方式所受到的损失更大，那么在这些场合，微观经济单位很可能不会受政府调节的影响而改变资源组合的原有决策。在政策效力递减的条件下，微观经济单位仍会坚持原来的资源组合方式。这正是政策效力的局限性的表现。

第三，微观经济单位是否采取“反对策”或预防性措施？

如果把微观经济单位对于政府的某些调节措施所采取的“反对策”考虑在内，或者把微观经济单位通过对政府行为的预测而采取的预防性措施考虑在内，那么在资源配置方面，要想让微观经济单位按照政府所预定的目标进行投入和产出，并不是一件容易的事情。

以上三点，从总的方面来看，由于政府行为非理想化的存在，对资源配置的政府调节即使可以起到一定的作用，但仍然会受到种种限制，使政府不容易达到预定的资源配置目标。

第三节　资源配置过程中政府行为的适度与优化

一、第二类非均衡状态中政府调节资源配置的困难

以上在讨论政府行为的非理想化时，不是根据第二类非均衡状态的特点来进行分析的。也就是说，当问题涉及政府效应的滞后性、政策效应的不平衡性，以及政策效力的递减时，都没有考虑企业是否自主经营、自负盈亏。可以认为，即使企业已经摆脱了行政机构附属物的地位，成为遵循自身利益而生产和经营的微观经济单位，政府调节措施的效应仍然是滞后的和不平衡的，政府的政策效力仍然是递减的。这种滞后、不平衡和递减来自政府行为本身的局限性。市场趋于完善和价格信号开始发挥正常作用之后，政府行为本身的局限性同样会存在。政府行为的非理想化之所以具有普遍意义，就因为它并不因企业的活力变化和市场完善程度的变化而消失。

那么，在企业既没有充分活力，市场也不完善的条件下，即经济处于第二类非均衡的条件下，政府的调节措施的效应又将如何呢？能不能认为，政府行为的非理想化与企业有充分活力或市场完善时政府行为的非理想化没有差

别呢？可以肯定地说，我们是得不出这样的结论的。政府调节措施的效应会朝着更不利于资源合理配置的方向变化。让我们从以下两个方面来进行分析。

第一，市场的不完善和信息的不完备、不及时，从而价格是能起到灵活地调节供求的作用。

在这种情况下，政策效应的滞后、不平衡、特别是政策效力的递减将更加明显。这是因为，政策的制定本身可能是以市场不完善条件下不完备的和不及时的信息为基础的，同时，由于政策执行过程中，政府也会因市场不完善和信息不完备、不及时而得不到足以判断政策实行效果的信息，这样，政策的预定目标与政策的实际效果之间的差距可能扩大。另一方面，从微观经济单位对政府行为的预测和微观经济单位所采取的“反对策”来看，由于微观经济单位的这种预测和“反对策”的制定也是建立在市场不完善条件下信息不完备、不及时的基础之上的，所以这种预测和“反对策”很可能过度，即很可能对政府的行为有更大的、反常的干扰，使政策的预定目标与政策的实际效果之间有更大的差距。

第二，企业缺乏充分活力，从而企业并不能按照独立的商品生产者的利益原则行事。

与上述情况所造成的对政府调节行为的干扰相比，由于企业缺乏充分活力而造成的干扰可能要更严重一些。道理是很清楚的：当政府察觉到社会资源配置不合理时，政府便制定并执行相应的调节资源配置的措施，政府认为这些调节措施之所以会有成效，是因为微观经济单位就此考虑到自己的利益的变动，从而会采取新的资源组合方式，同政府的调节措施的意图相符合。然而，这一切都依存于企业具有充分的活力，即企业能够按照独立的商品生产者的利益原则行事。如果不具备这一条件，那么就不仅仅是政策效应的滞后或不平衡的问题，也不仅仅是政策效力递减的问题，而很可能是政策无效和失效的问题了。

再以企业对政策行为的预测和所采取的预防性措施或“反对策”而论，假定企业是独立的商品生产者，能按照利益原则行事，那么不管怎样，企业的预防性措施或“反对策”总还是有章可循的，或遵循一定的规律而进行的。换言之，企业是有理性的，能按常规行事，因此，尽管政府的调节措施不易于达到预定的目标，但在企业按照自己的利益进行资源组合的条件下，社会的资源配置即使同政府的意图有某种差距，却仍然有一定的运动规律，即仍然根据个别边际收益的多少来进行。而在企业缺乏按利益原则行事的可能性和现实性的条件下，再加上政府行为的非理想化，社会的资源配置将会陷于混乱无序的状态：既不根据社会边际收益来进行，又不根据个别边际收益来进行。这可以说是社会资源配置中最不合理的情况，但它在第二类非均衡状态中完全有可能出现。

从这里我们可以进一步认识到，第二类非均衡状态中的资源配置，是各种可能出现的资源配置中最糟糕的一种：企业不按常规行事，资源配置的不合理必然越来越突出。

二、资源配置过程中政府行为的适度

研究资源配置过程中政府行为的适度，是为了研究资源配置过程中政府行为的优化。适度是优化的前提，在关于政府调节的研究中，这是一个必须阐明的道理。

资源配置过程中政府行为的适度，主要是指政府不要包揽一切，不要去做本来应当由市场去做的、并且市场已经表明它能够做好的事情。这正如前面在把市场比喻为资源组合的大型搅拌机所说的，政府以搅拌机的管理者的身份出现；正如真正的搅拌机管理者不能代替搅拌机一样，政府也不能代替市场。这就是政府行为的适度。

从政府的角度来看，重要的问题在于政府本身能不能认识到自己在资源配置中应该起的作用和可能起的作用。政府应该起的作用是指：由于市场调节存在着种种局限性，由于微观经济单位可能只从个别边际收益来考虑而忽视社会边际收益，因此政府在资源配置中应该起到应有的作用。政府可能起的作用是指：由于政府行为的非理想化，由于政策效应的滞后、不平衡以及政策效力的递减，因此政府不能把政府调节的期望值定得过高，而宁肯现实一些，从现实的条件出发来进行适度的调节。只要政府能够认识到这些，那么政府调节行为的适度便有了前提，否则，政府不仅不可能使自己的调节行为适度，反而有可能使之过度，即政府硬要去做本来不应该由政府做的事情，或者硬要去做政府力所不及的事情。

从第二类非均衡的情况来考虑，对这个问题会有更深刻的认识。第二类非均衡的两个特点是：第一，市场不完善；第二，企业不是独立的商品生产者。考虑到第一个特点，即市场不完善以及与此相联系的信息不完备、不及时，如果政府的调节不是适度的，而是过度的，试问政府的调节究竟有多少可靠的信息作为依据？这种过度的调节必定是不科学的调节。这就是说，在市场不完善的经济环境中，政府的行为一定要适度；在信息不完备、不及时的条件下，政府决不要去做自己不应该做的事和做不到的事。

第二类非均衡的另一个特点是企业不是独立的商品生产者。从表面上看，政府似乎应当作为直接投入者和直接产出者发挥更大的作用。但问题恰恰是：政府与企业的关系在这里被颠倒过来了。首先要问：为什么企业不是独立的商品生产者？其次要分析的是：假定企业不是独立的商品生产者，那么政府对资源配置调节的过度究竟能在促进资源合理配置方面起到多大的作用?

对这两个问题可以作出这样的答复:

既然是企业，那么它理所当然地应当成为独立的商品生产者，自主经营，自负盈亏。如果说企业至今还未能成为独立的商品生产者，依然被扭曲为行政机构的附属物，那么责任不在于企业本身，而在于经济体制，在于经济体制改革还未深化到改变企业附属于政府机构的地位的程度。因此，如果政府在这种情况下，想依靠对资源配置调节的过度来弥补企业活力的不足，是不可能从根本上解决资源配置不合理问题的。

进一步说，假定企业至今仍然不是自主经营、自负盈亏的商品生产者，从而企业不是根据利益原则来选择有利的资源组合方式，那么即使政府实行了对资源配置的过度的调节，结果很可能使企业的活力继续削弱。这也极其不利于社会资源配置的合理化。

由此可见，在企业不是独立商品生产者的条件下，如果政府调节的目标是促进社会资源的配置趋向合理，那么政府首先需要做的事情，是设法让企业成为自主经营、自负盈亏的商品生产者，而不是对资源配置的过度调节，否则，资源配置的不合理状况将会加剧。

三、“警戒线”的设置和“最后手段”的备用

不管经济是否处于非均衡条件之下，也不管这种经济的非均衡是属于上述第一类还是属于上述第二类，政府在资源配置过程中或在经济调节过程中，有两件事是不能忽略的，一是在经济方面设置“警戒线”，二是在经济方面保留着“最后手段”并准备在必要时加以运用。这两件事充

分表明了政府在经济中的地位和作用。

这里所说的经济方面的“警戒线”，是指政府根据预定的目标以及发展规划，从经济稳定、经济增长、社会协调的角度来考虑，制定必须采取干预措施的限界。这意味着，如果经济运行在这一限界（即“警戒线”）之内，即使经济中有某种不稳定的表现，经济增长过程中有某些不足之处，或社会协调方面存在着某些问题，政府仍然可以不干预经济，而让市场去处理经济中的上述问题。如果经济运行越过了这一限界（即“警戒线”），政府将有责任对经济进行调节，使经济运行回到“警戒线”之内。

政府在经济方面设置“警戒线”，实际上是使自己处于主动的地位，即政府掌握了调节经济的主动权。政府可以根据不同时期的具体情况，决定是否采取调节措施，采取什么样的调节措施，调节措施的强度如何，以及在何种情况下可以取消已经采取的调节措施。换言之，在政府不必进行调节时，政府不进行调节；在政府可调节可不调节时，视具体情况而决定是否调节；只有在政府非调节不可时才进行调节——这些都体现了政府行为的适度和政府调节的灵活性。

“警戒线”本身不仅是可变的，而且还可以有一定的弹性，即一定的上下限。当政府把所要达到的目标分解为各个具体的指标时，政府所设置的“警戒线”也就分解为与各个具体指标相联系的“警戒线”。比如说，在失业率、物价上涨率、财政赤字占国民收入的比重、外债总额占国民生产总值的比重等方面，都可以有一定的上下限。在“警戒线”的上下限之间，属于政府可调节可不调节之列。与每一个具体指标相联系的“警戒线”的上下限，将根据当时的实际情况来制定。

这里所说的政府在经济方面保留着“最后手段”并准

备在必要时加以运用，是指除了通常运用的财政调节、金融调节、价格调节、汇率调节等手段以外，政府在必要时还可以动员一切非常规的手段来干预经济生活。非常规的手段，包括价格和工资的管制措施、外贸和外汇的管理措施、紧急或特别的税收措施、商品的配给措施，以及对某些经济活动的特殊管制措施等等。非常规的手段还包括物价冻结、收入冻结、外汇冻结等。政府保留这些非常规的手段并准备在必要时运用，决不意味着政府可以轻易地运用它们。要知道，这些“最后手段”的存在，表明了政府调节经济的决心和力量，表明了政府决不会听任经济无休止地恶化下去。这是政府可以运用的一剂烈药。它的副作用是十分明显的。价格和工资的管制、外贸和外汇的管制等等，都是对经济正常运行有害的调节措施，是对市场机制的破坏。尤其是物价冻结、收入冻结、外汇冻结等，都会导致社会震荡，不利于资源配置的合理化。因此，轻易地运用这些调节手段，无疑会给经济带来损失。但即使如此，政府仍然需要保留这些“最后手段”，并准备在必要时运用它们，这是从“两害相比取其轻”的角度来考虑的。

假定经济已经到了相当严重的、濒临于解体或大动荡的关键时刻，常规的经济调节手段已经被证明效果不大或基本上不起什么作用了，在这种关键时刻，政府面临着如下选择：或者让经济的大动荡继续下去，听任经济遭受更加严重的损失，或者使市场机制的作用受到某种破坏，但为了整个经济的长远利益，政府运用非常规的调节手段来进行非常规的调节。政府必须选择后者而放弃前一种选择。再说，经济问题往往与社会问题、政治问题结合在一起。诸如失业率过大、物价上涨率过大、生活必需品的供给严重不足等等，都不仅仅是经济问题，它们同时是社会问题、政治问题。从社会安定和政局稳定的目标来看，政府保留这种“最后手段”也是符合社会利益的。

“警戒线”的设置和“最后手段”的备用，与前面提到的资源配置过程中政府行为的适度是一致的。“警戒线”的设置对政府行为而言，相当于路标的设置。当经济在正常运行的轨道上前进时，政府不必去代替市场，政府也代替不了市场。至于“最后手段”，对政府而言，是一个“引而不发”的问题。政府拥有“最后手段”，但政府在一般情况下并不运用它们。这表明政府的调节是高层次的调节，是市场调节无法代替的一种调节。“引而不发”反映了经济调节的主动权始终掌握在政府的手中。

四、法律的严肃性和政府行为

经济活动必须以法为据，有法可循。这是使经济活动具有正常秩序的前提。政府是法律的制定者和维护者。任何经济活动都不能违背法律，越过法律规定的限界。因此，如果说经济活动（包括政府本身的行为、企业和个人的经济活动）有一个“大笼子”的话，那么这个“大笼子”就是法律规定的限界。在法律许可的范围内，一切经济活动都可以进行；一旦违背了法律，任何经济活动都应当被禁止，都应当被追究。在法律面前，一切交易人都是平等的，没有一个交易人是例外。这是开展正常的经济活动的保证。

法律是严肃的。有法而不循，等于无法，甚至还可能比未制定法律时更糟，因为法律的威信丧失了，作为执法者的政府的威信也丧失了。因此，一旦制定了法律，政府必须坚定不移地按照法律行事，维护法律的严肃性。但应该注意到，这与资源配置过程中政府行为的适度不是同一个层次上的问题。资源配置过程中政府的调节行为，是在维护法律的严肃性的前提下进行的。至于资源配置过程中政府行为的适度，则是对政府行为的概括，它是指在市场调节能够做到的范围内政府不必代劳，政府只做市场所做不到的事情。无论是市场调节做它能够做到的事情，还是政府做市场所做不到的事情，都应当遵循法律。政府在资源配置中的行为如果不以维护法律的严肃性为前提，那就只会使社会资源配置状况变得更不合理，而不可能使这种状况好转。

在这里需要说明的另一个问题是：政府有责任维持经济中的秩序、市场中的秩序，为此，政府采取的各种手段中也包括了法律的手段。法律的手段与经济的手段是并存的。如果政府在必要的场合采取了法律手段来调节经济和维持经济中的秩序，那么这是不是政府行为的适度呢？实际上，这里包括了两种不同的情况：

第一种情况，出于维持经济中的秩序和促进经济发展的需要，政府制定了新的法律，并遵循这种法律来管理经济，调节经济。这种情况与政府调节行为的适度是不矛盾的。新的法律的制定是使包括政府、企业和个人都在内的各个经济主体的行为规范化，无论政府进行经济调节还是不进行经济调节，都应当在法律的范围内，而不应当越过法律规定的限界。如果说新的法律授权政府采取某种措施来管理，那么这表明政府调节行为具有某种法律的依据，表明政府调节行为依然是适度的。

第二种情况，由于形势的变化，原来的法律不适用了，于是政府修改了它，或者废除了它。这反映政府、企业、个人的经济活动不能根据原来的法律来进行，而必须按照修改后的或其他的法律来进行。“政府的调节行为以法律为依据”，这一点并没有变化，这也与政府调节行为的适度不矛盾。

在政府调节行为适度问题上容易被混淆的原因在于：把政府调节措施本身同政府、企业、个人作为经济主体的活动的法律依据二者混为一谈了。需要再次强调：维护法律的严肃性与政府怎样调节经济是两个不同层次的问题。不应当把二者混淆在一起。一个有法可依并依法办事的国家的政府可以是适度调节经济的政府；一个在各个领域内和在各个时期内对经济进行硬性调节的国家的政府，也可能是一个法制极不健全，甚至根本没有法律或有法也不依的政府。

五、资源配置过程中政府行为的优化

资源配置过程中政府行为的优化，是指政府在具体进行调节时，如何选择适当的时机，选择适当的调节措施及其组合，选择适当的调节程度，以便取得较好的结果。正如只有在维护法律严肃性的前提下才能对政府的调节行为作出决策一样，也只有在政府行为适度这一思想指导下，才能作出政府行为优化的选择。换言之，没有政府行为的适度，那么在资源配置过程中，政府行为的优化将是不可能的。

前面已经说明，不管经济是否处于第二类非均衡状态中，在资源配置方面，政府的调节行为都需要适度。这是没有疑义的。至于能不能在资源配置过程中实现政府调节行为的优化，则取决以下四个条件：

第一，如上所述，以政府调节行为是否适度为条件。如果政府的调节违背了政府行为适度的原则，政府包揽了许多本来不该政府来完成的事情，甚至硬要做一些政府力所不及的事情，或政府总想取市场而代之，这样就谈不到政府调节行为的优化。即使政府力求使调节行为优化，那也是做不到的。

第二，资源配置过程中政府调节行为的优化以遵守法律，并以法律为准绳作为前提。关于这一点，前面已经谈过了。可以断言，任何以超越法律规定的限界而进行的政府调节都不可能是优化的，对于超越法律规定限界的企业和个人的经济活动不予以严肃处理的政府行为，同样不可能是优化的。

第三，考虑到每个时期政府通过资源配置达到的目标的多样性，因此，政府调节行为的优化应当以目标的多样性作为标准，也就是应当以实现多种目标作为标准。假定政府的调节措施只有利于实现单一目标而又无法使各个目标的得与失互补，那就不符合政府调节的优化的要求。

第四，考虑到政府行为的非理想化，政府在资源配置过程中调节行为的优化应当以限制市场在资源配置中的某些消极作用和促进市场在资源配置中的某些积极作用作为原则。这是因为，政府在调节资源配置过程中所采取的措施，如果是直接投入和直接产出的措施，那么考虑到政府效应的滞后、不平衡和政策效力的递减，它们的非理想化程度会更大一些；如果是以间接调节的方式出现，即以限制市场调节的某些消极作用和促进市场调节的某些积极作用的方式出现，那么即使政策效应是滞后的、不平衡的，并且政策效力是递减的，但只要政策措施配套得当，仍然可以使政府在资源配置过程中的调节作用尽可能符合预定的要求。这就是说，要使政府调节行为优化，政府的调节应当通过政府对市场的影响而表现出来。这要比政府的直接投入和直接产出更符合使政府调节行为优化的原则。当然，这并不是排除在某些场合政府直接投入和直接产出的必要性，也不是说政府直接投入和直接产出在任何情况下都是与资源配置过程中政府调节行为优化的原则相抵触的。在某些情况下，为了使政府调节达到预定的效果，直接投入和直接产出仍然不可缺少。这只是说，在政府直接投入和直接产出同政府对市场的影响二者能够实现相同的目标的场合，后者更符合于政府调节行为优化的原则。

第四章

经济运行的机制

第一节 经济运行的二元机制

一、经济运行中政府调节的“覆盖面”

从本书第二章和第三章的论述可以清楚地了解到，在社会主义经济中，实际上存在着的不是经济运行的一元机制，即或者只有市场机制，或者只有政府调节机制。社会主义经济运行的二元机制是指市场机制与政府调节机制始终并存。经济运行的二元机制有这样几个含义：

1. 二元机制的并存不是指整个经济可以划分为两个“板块”，即一种机制限定在某一个领域内起作用，另一种机制限定在另一个领域内起作用；

2. 二元机制的并存不是指两种机制之间存在着相互渗透的关系，即一种机制主要在某一个领域内起作用，同时这种作用渗透到另一个领域内；而另一种机制主要在另一个领域内起作用，同时这种作用又渗透到这个领域中来；

3. 二元机制的并存不是指两种机制地位的平列，二者在经济中起着“平分秋色”的作用。

这些澄清都是必要的。在对二元机制的理解中，本书所强调的是：二元机制的互补性反映于市场调节是第一次调节和政府调节是第二次调节、高层次调节。第二章关于市场调节在资源配置中的作用的分析，以及第三章关于政府调节在资源配置中的作用的分析，都已把这种互补关系说明了。现在，有必要在这两章已经论述的基础上，对经济的二元机制再作进一步的理解。

通常听到这样一种说法，即把市场调节与政府调节的关系说成是共同作用于现实经济的关系。具体地说，这种说法是：市场调节是覆盖全社会的，政府调节也是覆盖全社会的，二者同时对整个经济起作用。这种说法与“板块论”、“渗透论”、“平列论”相比，是一个进步。可以把这种观点称为“覆盖论”。但“覆盖论”仍有一个不足之处，即它对于“覆盖”含义的表述仍不明确。

应当注意到，这里所说的政府调节，是指政府在资源配置过程中的调节而言，也是指政府对经济运行的调节而言；如果指政府的法律，那么它们的覆盖面无疑是全社会的，即社会上的任何经济活动都不得与法律相违背；如果指政府制定的社会经济发展目标，那么这也是覆盖全社会的，全社会都要为这一发展目标而努力；但如果指政府的直接投入和直接产出，那么显然不可能，也不应当覆盖全社会。问题是：如果政府调节指的是政府采取各种影响市场调节的措施，那么能不能简单地说这是覆盖全社会的还是并非覆盖全社会的呢？对此，必须作具体的分析。

首先，在社会主义商品经济中，政府对资源配置进行调节的结果必然使政府调节的作用通过市场供求关系的相应变化而在社会经济的各个方面反映出来。从这个意义上说，政府调节是覆盖于全社会的。但是，我们不应当忽略政府调节对全社会的覆盖是一种再覆盖，即覆盖于市场调节之上的覆盖。这种理解恰恰与政府调节作为第二次调节的提法是一致的。市场调节是第一次调节，市场调节对社会经济的覆盖是第一次覆盖，政府调节是第二次调节，政府调节对社会经济的覆盖是第二次覆盖。正如离开了市场的政府调节的作用将无从发挥一样，离开了市场调节对社会经济的覆盖，政府调节对社会经济的第二次覆盖也就难以理解了。

总之，“覆盖论”作为一种不同于“板块论”、“渗透论”、“平列论”的阐释市场调节与政府调节之间关系的论点，固然要优于“板块论”、“渗透论”和“平列论”，但只有把“覆盖论”中的“覆盖”理解为第二次覆盖，才能对经济运行的二元机制有较为正确的认识。

二、二元机制之间的关系

对经济运行二元机制的进一步理解还包括了对市场机制与政府调节机制的互补性的理解。如上所述，在经济非均衡条件下，社会总需求与社会总供给之间的不平衡是经常出现的，这时或者有资源供给的约束，或者有需求的约束。而从结构的角度来看，资源供给的约束和需求的约束可能同时发生。因此，资源配置过程中市场的自我制约便会受到限制。在非均衡条件下所遇到的一个重要问题是：如何使有限的资源去满足社会的需求，以及如何使有限的需求去适应社会的供给。非均衡理论研究中所提出的配额均衡问题之所以具有较广泛的适用意义，正是由于有限资源供给同需求的适应以及有限需求同供给的适应都需要通过数量的配额来实现。

市场机制在资源供给约束的情况下，或者按照优先原则来分配有限的货源，或者按照垄断原则来分配有限的货源。这里所说的优先原则，是指市场上按照“谁先来，谁先买”的原则来进行交易，直到有限的供给被分光为止。这里所说的垄断原则，是指市场上有限货源的供给者成为垄断的一方，它们可以按照高于供求均衡价格的价格来出售自己的商品。垄断原则显然是不完全竞争下的交易原则，而优先原则同样是不完全竞争下的交易原则，这是因为，在资源供给约束的情况下，货源是有限的，如果要按照“谁先来，谁先买”的原则进行交易，那么有关商品在什么时间开始出售和在什么地点出售的信息便是至关重要的。谁掌握了信息，谁就可以“先来”、“先买”；谁无法得到信息，实际上就被排除在交易之外了。所以说，优先原则与垄断原则都是不完全竞争下的交易原则。如果说二者之间有什么区别的话，那么垄断原则下的交易是公开的不完全竞争下的交易，而优先原则下的交易，则是仍然保留着完全竞争的形式，实际上却是不完全竞争下的交易。

市场机制在需求约束的情况下，也按照优先原则或垄断原则来分配有限的市场或有限的销路。优先原则是指市场上按照“谁先来，谁先卖”的原则来进行交易，垄断原则是指市场的占有者成为垄断的一方，它们可以排斥后来的销售者，以维护自己的销路，维护自己的利益。垄断原则显然是不完全竞争下的交易原则，而优先原则也涉及有限的市场或有限的销路的信息问题。谁掌握了这样的信息，谁就可以“先来”、“先卖”；谁无法得到这样的信息，实际上也就被排除在交易之外。同样的道理，优先原则下的交易是在完全竞争的名义掩盖之下的不完全竞争中的交易，而垄断原则下的交易则是公开的不完全竞争下的交易。

由此看来，在市场调节之下，只要经济处于非均衡状况，通过优先原则或垄断原则所实现的配额均衡总是同不完全竞争下的交易联系在一起。如果在这种情况下需要有政府调节的话，那么不管政府调节是按照平均原则（即把有限的货源平均分配给需求各方，或把有限的市场分配给供给各方）、目标原则（即政府有事先决定好的目标顺序，按照政府所认定的轻重缓急来分配有限的货源或有限的市场），还是历史原则（即政府根据以往所存在的货源分配比例或市场分配比例，进行份额分配）来达到配额均衡的，所有这些都是不完全竞争之下的交易。政府调节与市场调节的互补可以被理解为各种不完全竞争下的交易的互补，而不是不完全竞争形式的补充或完全竞争形式对不完全竞争形式的补充。

说明这一互补的性质或特点是有意义的。要知道，一种比较流行的说法是：市场调节意味着完全竞争下的市场交易活动，一切听任市场自发调节而最终达到均衡，而政府调节意味着不完全竞争下的市场交易活动，政府的介入破坏了市场的完全竞争状态，只不过由于完全竞争有这样或那样的缺陷，所以即使政府调节破坏了市场的完全竞争状态，也是值得的、必不可少的。由此导致的看法是：在市场机制与政府调节机制并存的场合，市场机制与政府调节机制的互补，或者是完全竞争形式对不完全竞争形式的补充，或者是不完全竞争形式对完全竞争形式的补充。这种说法是不正确的。这是因为：

第一，市场调节并不一定是完全竞争形式的市场调节，不完全竞争形式的市场调节同样是一种市场调节；把市场调节与完全竞争等同起来，不仅把市场调节理解得过于狭隘，而且也是对完全竞争的不正确理解，因为完全竞争作为一种市场调节形式，决不是普遍存在的。完全竞争的理论意义大大超过了它的实际意义。

第二，完全竞争仅仅出现于均衡条件下，这时，过度的需求和过度的供给都不存在，任何交易都在均衡价格条件下进行。然而实际生活中，非均衡是普遍的，资源供给的约束和需求约束经常出现，于是就会有数量配额，通过配额达到事后的均衡。在这种情况下，市场调节是不完全竞争下的市场调节，市场交易是不完全竞争下的市场交易。

由以上两点，可以得出：

第三，如果经济处于均衡状态，也就是处于完全竞争状态，那就没有必要进行政府调节，因为市场已经使一切尽善尽美了。既然不需要政府调节，那就无所谓二元机制，无所谓两种机制的互补。如果经济处于非均衡状态，那就必须通过数量配额才能达到事后的均衡，市场调节是不完全竞争下的市场调节。这时，如果有政府调节，那么政府调节肯定也是不完全竞争下的调节。可见，在非均衡条件下，市场调节与政府调节的互补是各种不完全竞争下的交易的互补，互补的目的无非是为了更好地进行数量配额调节，实现配额后的均衡。正如前面已指出的市场调节在资源供给约束和需求约束之下所采取的配额调节，或者是按照优先原则进行的，或者是按照垄断原则进行的，而政府调节在资源供给约束和需求约束之下所采取的配额调节，或者是按照平均原则进行的，或者是按照目标原则进行的，或者是按照历史原则进行的，或者这几种原则共同制约着配额调节。因此，市场调节与政府调节的互补实际上就是优先原则、垄断原则等不完全竞争之下的交易原则同平均原则、目标原则、历史原则等不完全竞争之下的交易原则的互补或交易行为的互补。

如果我们从这个角度来进行分析的话，那么需要弄清楚的是：在经济的非均衡条件下，要使有限的货源符合需求各方的要求，或者要使有限的市场适应供给各方的要求，什么样的交易活动是主要的，什么样的交易活动是次要的？

看来，这个问题与经济的非均衡程度有关，也就是与资源供给约束程度和需求约束程度有关。如果资源供给约束程度轻一些（即资源的缺口较小），或需求约束程度轻一些（即市场的缺口较小），那么由市场力量来安排的交易活动就较为重要，由政府力量进行的调节相对地居于较为次要的地位。反之，如果资源供给约束程度强一些（即货源的缺口较大），或需求约束程度强一些（即市场的缺口较大），那么由市场力量来安排的交易活动的重要程度也就会下降，由政府力量进行的调节的重要程度也就会上升。直到资源供给约束和需求约束达到了一定的限度（即货源的缺口和需求的缺口达到了一定的限度），市场调节和政府调节的相对重要程度就会颠倒过来，即前者变得相对的次要一些，后者变得相对的重要一些。总之，一切都随着经济非均衡程度的变化而变化。

换言之，从互补的角度来进行分析，可以得出下述看法：

在市场调节与政府调节并存的经济中，按市场的优先原则、垄断原则等进行的不完全竞争下的交易活动在整个社会的交易活动中的相对重要性，是随着货源缺口的增大或市场缺口的增大而递减的；按政府的平均原则、目标原则、历史原则等进行的不完全竞争下的交易活动在整个社会的交易活动中的相对重要性，是随着货源缺口的增大或市场缺口的增大而递增的。如果经济随着缩小货源缺口或缩小市场缺口的方向运行，那么市场调节必将越来越重要；反之，如果经济随着扩大货源缺口或扩大市场缺口的方向运行，那么不管人们愿意还是不愿意，市场调节的地位必将降低，政府调节就会变得重要起来。

三、政府的分级与市场的分级

在这里，政府的分级不仅是指政府的上下隶属关系或政府各种机构的分级设置，更重要的是指政府调节的分级，也就是政府调节如何通过各级政府调节而实现的问题。至于市场分级，则主要从全部与局部的关系来考虑。由于任何一种市场体系都是由相互有联系的若干个市场所组成，任何一个全国性的市场又是由若干个地区性市场所组成，此外，从市场的结构角度来看，市场还可以无限细分，一直分到某一种具体的商品的市场。市场分级所要研究的，就是在市场不断细分的条件下市场调节作用将如何发挥出来。

总的原则应当是这样的：在政府进行调节的场合，凡是下级政府能够做到的，上级政府不必代劳。政府做市场所做不到的事情，上级政府做下级政府所做不到的事情。如果说上级政府和下级政府作为政府都起着第二次调节作用的话，那么同样作为第二次调节者，在这里，上级政府的调节与下级政府的调节相比，层次将更高一些。可以举一个简单的例子：假定市场上劳动力供求不协调或资源供求不协调，市场本身难以解决劳动力或资金方面的供给约束或需求约束问题，从而需要政府作为第二次调节者采取一定的调节措施。在这种场合，如果县一级的经济调节机构采取某种措施就已经把供给缺口或需求缺口缓解了，在市管县的政治体制下，市一级就不必再进行调节。假定市一级的经济调节能够采取有效的措施来缓和这些供求矛盾，省一级就不必再进行调节。只有在省一级不可能实现政府调节任务时，中央一级才有必要发挥自己作为第二次调节者的作用，对经济进行调节。这就是政府分层次调节的含义。从中央到地方的各级政府，都应当是精干的、高效率的，每一级政府都做它分内的事情，上级政府不包揽一切，而让下级政府去做它应当做的事情。政府的分层次管理与政府的第二次调节作用不仅是不矛盾的，而且将使政府的第二次调节作用发挥得更好。

从市场分级的角度来看，这里所用的“分级”一词与上面所谈到的政府分级调节或政府分层次管理的含义是不同的。市场分级只不过是从市场结构方面对市场进行不断细分的一种分析方法。市场体系始终是一个整体，组成市场体系的各个不同的市场彼此密切地联系在一起，每一个市场的各个不同的局部市场也密切相关。市场调节始终是一种总体的调节，难以把它们分割开来，这与政府的分级调节或分层次管理不一样。可以举几个简单的例子来说明：

1. 如果消费品市场上的供给小于需求，消费品价格上升，那么尽管开始时生产资料市场上的供给与需求是平衡的，但消费品价格的上升会引起消费生产规模的扩大，从而会引起生产资料价格的上升。因此，市场调节就不限于消费品市场的调节，而且也包括生产资料市场的调节。

2. 如果消费品市场上的供给小于需求，引起消费品价格上升和消费品生产规模扩大，那就会使资金市场上的资金供求发生相应的变化，即一方面，为了适应消费品价格的上升，消费者的货币支出会增大，从而资金供给的来源（即消费者的储蓄）可能减少；另一方面，由于消费品生产规模扩大，消费品生产单位对资金的需求会增加。因此，市场调节就不限于消费品市场的调节，而且也包括资金市场的调节。

3. 实际上，消费品市场上供求的变化、价格的变化，以及生产规模的相应变化，不仅会引起生产资料市场、资金市场的某些变化，也会引起劳务市场、技术市场等市场的某些变化，这样，市场调节不可能局限于个别市场上，而会涉及各个有关的市场。

由此可以对政府的分级与市场的分级之间的关系作一简略的表述：政府的分级体现了第二次调节论的思想，即在什么样的情况只需要下级政府的调节，什么样的情况下才需要上级政府的调节；而市场的分级则是一种分析市场关系的方法，即通过市场的不断细分，可以较清楚地说明各个个别市场之间的相互联系，说明市场调节的整体性。

那么能不能得出如下的论点，即地方政府管理地方性的市场，中央政府管理全国性的市场，从而使政府的分级与市场的分级吻合呢？这种论点说明不了市场调节与政府调节之间的关系。地方性的市场也好，全国性的市场也好，凡是市场能解决问题，不仅中央政府不必插手，地方政府也不必插手。虽然地方政府的管理范围只限于地方性的市场，中央政府的管理范围可以包括所有各个地方的市场，但管理市场不等于调节经济：管理市场是根据法律来维护秩序，而让市场起着调节作用；管理市场也可能兼有调节经济的作用，即政府采取一定的调节措施，对市场的供求发生影响。中央政府和地方政府既可以用前一种方式来管理市场，也可以采用后一种方式来管理市场；或者，中央政府采用前一种方式来管理市场，地方政府采用后一种方式来管理市场，这一切都根据具体情况而定。假定中央政府采用后一种方式来管理市场，那么这既可能指地方性的市场，也可能指全国性的市场，市场的分级在这里不是限制政府行为的理由。假定地方政府采用后一种方式来管理市场，那么这虽然仅限于地方政府管理范围内的市场，但由于各个地方的市场总是联系在一起的、彼此影响的，所以一旦地方政府针对地方市场的供求状况采取了调节措施，实际上其影响所及，决不会受到地方性市场的限制。这又从另一个角度说明了政府的分级与市场的分级之间关系的复杂性。

四、市场完善与否和市场体系完整与否的区别

市场的完善与否和市场体系的完整与否是两个不同的问题，不能把它们混为一谈。市场的完善与否是指市场的竞争程度和自我制约程度而言。市场中的竞争越是充分，市场通过竞争和供求关系的变化而引起的自我制约功能发挥得越充分，市场就越完善。反之，市场中的竞争越是受限制，市场越是缺乏自我制约的功能，那么市场的完善程度也就越低。市场体系的完整与否，则是指市场结构而言。在社会主义市场体系中，处于中心位置的是商品市场。劳务市场、资金市场、房地产市场、企业资产市场、技术信息市场等等都是市场体系的组成部分。市场结构的协调与市场体系的完整是联系在一起的。市场体系越完整，市场结构越协调，对企业的生产经营越有利，经济的发展也就越具有良好的环境。

在经济处于均衡状态时，不仅市场完善，而且市场体系完整，市场结构协调。如果经济处于非均衡条件下，市场既不完善，市场体系也可能是不完整的，市场结构同样可能不协调。从这个意义上说，市场的完善程度同市场体系的完整程度、市场结构的协调程度密切有关。不断提高市场的完善程度与不断促进市场结构的协调、不断促成市场体系的完整都是发展社会主义市场所必需的。但在实际工作中，我们感到，在市场不完善，而市场体系又不完整、市场结构也不协调的情况下，要发展社会主义市场究竟应当从何着手，这个问题如果没有解决，那么市场的发展将受到阻碍。

市场的完善化需要有一个较长的过程，因为市场机制的形成与发挥作用、市场竞争的开展与市场的自我制约都有赖于参加市场活动的主体（企业）本身运行机制的完善。换言之，市场有一个自然发育的过程。在任何地方都是如此，甚至特区也不例外。因此我们很难设想能在企业尚未成为自主经营、自负盈亏的商品生产者之前形成一个完善的市场。然而市场体系的完整化，则可以通过政府的措施来予以促成。这是因为，市场体系的完整与否同计划体制改革的进度有关。在传统的计划体制之下，社会主义经济中只存在消费品市场，其余各个市场都是不存在的，这样就根本谈不上什么市场体系了。在计划体制改革过程中，生产资料市场、资金市场、劳务市场、技术信息市场相继出现，最终，房地产市场和企业资产市场也开始产生了。这些都是政府采取措施来改革计划体制所取得的成果。可见，即使市场不可能很快地完善起来，但无论如何，我们完全有可能在市场体系的完整化方面先走一步。虽然刚开始出现的生产资料市场、资金市场、劳务市场、技术信息市场、房地产市场和企业资产市场都是很不完善的，但有这些市场要比缺少这些市场好得多。我们可以在初步形成社会主义市场体系之后，一方面逐渐使市场结构协调，另一方面使市场本身趋于完善。

这就是当前我国企业所处的市场环境。甚至特区的企业也处于类似的市场环境之中。无论企业从事内向型的经营还是外向型的经营，都必须认清市场环境的特点，即通过计划体制的改革，市场体系已经初步形成了，但由于企业运行机制的改革仍有待于深化，再加上行政部门对企业的干预、束缚仍有待于弱化，所以市场至今还是不完善的。在这种市场环境中，企业的经营既有不利的一面，又有与过去相比有利的一面。不利的一面表现于：企业的自主经营权仍受到干预、束缚，企业的利益约束仍然微弱，从而在市场中企业的竞争不是公平的，市场供求的波动不一定对企业的生产经营起着有效的制约作用，企业不可能真正通过效益的提高和竞争来增加自己的收入和实现自我扩张。与过去相比有利的一面表现于：毕竟已经出现了消费品市场以外的其他市场，于是企业可以从生产资料市场、资金市场、劳务市场、技术信息市场、房地产市场等市场上，通过交易活动而取得自己所需要的资源（哪怕只能满足一部分需要），而企业资产市场的出现则为企业的生产规模扩大，为企业的合并、联营提供了较好的条件。这就是说，企业的经营是在多种市场并存的条件下进行的，市场体系的较为完整将减少企业经营中因市场较不完善而带来的困难。对企业来说，重要的是利用市场环境中与过去相比有利的条件，去缓和因市场不完善而产生的矛盾，以便在较不完善的市场环境中生存和发展。同时，只要市场体系已经比较完整，那么企业越是主动地、积极地利用客观存在的市场体系，市场的完善过程也就越有可能加快。

第二节　经济运行中的摩擦

一、第一类非均衡条件下经济运行中的摩擦

在经济运行过程中，并存着的市场机制和政府调节机制在某些场合可以保持协调，而在另一些场合，两种机制之间的不协调是难以避免的。

为什么在经济运行过程中二元机制的并存可能引起摩擦和造成两种机制之间的不协调，这是一个与经济的非均

衡状态有关的问题。考虑到经济的非均衡分为第一类非均衡和第二类非均衡，因此在分析二元机制可能引起的摩擦问题时，也要从两类经济非均衡的特点着手。现在先考察第一类非均衡条件下的情况。

第一类非均衡是指经济处于市场不完善、信息不完整和不及时、价格不能起充分调节供求作用的情况下，以及经济中存在着资源供给约束或需求约束，即资源缺口或市场缺口等情况。这时，市场机制与政府调节机制的不协调主要表现于以下两个方面。

第一，在市场机制不能充分起作用的条件下，政府的调节有可能加剧市场的不完善、信息的不完备，从而使得每个参加市场活动的交易者更难以按照市场的导向进行决策。

在第一类非均衡条件下，市场完善、信息完整和及时这些条件并不具备，因此价格不能起充分调节供求的作用，这是可以理解的。如果经济中存在着市场调节和政府调节，并且市场调节作为基础性的调节起作用，政府调节作为高层次的调节起作用，那么两种机制之间可能出现如下的摩擦，即在经济中出现供给小于需求或供给大于需求时，由于市场不完善，所以价格上升或下降以后，货源缺口或市场缺口只是略有缓和，价格的变动不能完全符合市场调节的要求；假定这时进行政府调节，但政府的调节措施却可能同市场调节的意图相违背，这样，尽管货源缺口或市场缺口被消除了，但市场机制却遭到破坏。换言之，在这种情况下，政府调节机制是以市场机制一定程度的被破坏作为代价而发挥作用的。

怎样看待两种机制之间的这种不协调呢？这只有从调节的效果来评价。市场机制遭到破坏，哪怕只是一定程度的破坏，是不是必要？是不是值得？当然，最好是在不破坏市场机制的情况下，通过政府调节而消除经济中所出现的供给小于需求或供给大于需求的现象，如果那样，两种机制就协调了，就没有什么摩擦了，但现实情况不一定如此。所以说，两种机制之间的不协调以及由此而造成政府调节对市场机制的某种程度的破坏，只有从调节的效果来评价，才能判断这样做是不是必要，是不是值得。

第二，市场机制作用的发挥，在第一类非均衡条件下有限制政府调节机制发挥其应有作用的可能性。

这也同市场的不完善、信息的不完整和不及时、价格不能起充分调节供求的作用，以及资源供给约束或需求约束的存在直接有关。比如说，在政府有必要进行调节的场合，由于市场不完善、信息不完整和不及时等原因，政府的调节措施不一定能达到预期的效果，在这里，市场调节对政府调节的限制起着一定的作用。这是因为，政府通过自己的调节措施，把调节后的利益和损失等信息传递给参加市场活动的交易者，指望后者根据自己的利益原则来调整自己的资源组合方式和资源投向，而市场本身也从自己的渠道把利益和损失等信息传递给参加市场活动的各个交易者。信息的传递渠道不一致，信息又不是完整的和及时的，这样，市场机制的作用既可能同政府调节的意图相吻合（这当然是合乎理想的），也可能成为对政府调节的一种干扰，从而成为对政府调节的一种限制。这同样是资源配置过程中或经济运行过程中两种机制之间的一种摩擦。

总之，在第一类非均衡条件下，只要市场机制与政府调节机制并存，那么两种机制就有可能处于不协调状态，它们的摩擦的产生是可能的，有时甚至是难以避免的。

二、第二类非均衡条件下经济运行中的摩擦

第二类非均衡的特点除了市场不完善以外，还包括企业的非独立商品生产者的地位。而由于企业缺乏自己的利益刺激和自主经营的机制，经济的非均衡程度与第一类非均衡条件下的情况相比，是加重了，于是市场机制和政府调节机制并存可能引起的摩擦也比第一类非均衡条件下可能引起的摩擦大一些、多一些。这可以从以下三方面来说明。

第一，由于企业不是独立的商品生产者，企业没有摆脱行政机构附属物的地位，所以要使企业按照市场的利益原则进行生产经营和资源投入，是有困难的。企业经营的好坏缺乏市场评价标准的结果，必然导致企业效率低下。这时，无论政府进行什么样的经济调节，都难以达到政府调节预定的效果。主要原因就在于在企业缺乏独立商品生产者地位的前提下，市场机制本身是扭曲的，政府调节与这种扭曲的市场机制之间的矛盾也就不可避免。

第二，不仅如此，假定企业没有摆脱行政机构附属物的地位，政府对企业的利益状况是缺乏了解的，政府所进行的各种经济调节很难建立在合理的基础上，这样，政府所进行的经济调节也可能是一种扭曲的调节，它与市场机制之间很难协调。

第三，假定在第二类非均衡条件下发生了与资源供给约束和需求约束有关的货源缺口和市场缺口，那么这与第一类非均衡条件下所发生货源缺口和市场缺口有什么区别呢？在第一类非均衡条件下，这些缺口依靠按市场的优先原则、垄断原则等进行的不完全竞争下的交易来实现配额均衡，或者依靠按政府的平均原则、目标原则、历史原则

等进行的不完全竞争下的交易来实现配额均衡。不管市场机制与政府调节机制之间存在着什么样的摩擦，只要进行不完全竞争下的交易活动，配额均衡仍是可能实现的。但在第二类非均衡条件下，情况会有所变化。这是因为，企业不是独立的商品生产者，它们不能根据自身的经济利益来组合资源和投入资源，于是任何配额原则（包括市场的优先原则和垄断原则，或者政府的平均原则、目标原则、历史原则），在企业缺乏独立经济利益和不能按自己经济利益进行交易活动的场合都会被扭曲，而与它们本来的含义有较大出入。不完全竞争下的交易未必能实现配额均衡，货源缺口或市场缺口还可能有所加剧。市场机制与政府调节机制之间的摩擦也会大于第一类非均衡条件下两种机制可能引起的摩擦。

三、对经济运行中的摩擦的认识

通过以上的分析可以清楚地了解到，无论是在第一类非均衡条件下还是在第二类非均衡条件下，在某些场合，经济运行过程中市场机制与政府调节机制之间的摩擦是不可避免的。这可以被看成是二元机制的局限性。

经济运行过程中两种机制之间存在着不同程度的摩擦这一事实，实际上只是说明二元机制的局限性，说明非均衡条件下的经济运行不可能尽善尽美，但不能证明二元机制是不必要的。

要知道，如果经济处于均衡状态之中，过度需求和过度供给都不存在，那就不需要有二元机制。既然经济的均衡状态只是纯理论的假设，现实中存在的是非均衡经济，二元机制就不是人们主观上希望还是不希望它出现的经济运行机制，而是客观上必然存在的经济运行机制。在非均衡条件下，只有发挥二元机制的作用，才能够在存在着资源供给约束（货源缺口）或需求约束（市场缺口）的场合，通过不完全竞争下的交易来实现配额均衡。

的确，第二类非均衡条件下二元机制的摩擦是严重的。经济的非均衡程度越轻，两种机制之间的摩擦就越小。这就进一步说明了我国现阶段的深化经济体制改革、尤其是深化企业改革的迫切性。通过企业改革的深化，使我国的经济逐渐由第二类非均衡状态过渡到第一类非均衡状态，二元机制的摩擦也将逐渐减少。这对社会经济的发展是有利的。

第五章

商品市场配额均衡

第一节 数量—价格调节下的商品市场均衡

一、双轨经济体制下的商品供给缺口

根据我国的经济非均衡状况，在商品市场上，货源是有限的。这种货源的短缺既与市场的不完善有关，又与企业缺乏活力有关。

商品供给的缺口必然引起短缺商品的价格上涨。假定政府采取硬性措施来制止价格上涨，那就会出现有价无货现象或地下交易活动。

在短缺的货源中，如果短缺的是生产资料，那么短缺商品价格上涨将导致成本上升，而成本上升又将推动价格普遍上涨。如果短缺的是消费品，那么短缺的消费品价格上涨或者会导致工资上升，或者会导致人们实际收入的减少，前者出现于工资具有灵活性的情况下，后者出现于工

资缺乏灵活性或工资调整滞后的情况下。假定短缺的消费品价格上涨引起了工资相应上升，那么工资的相应上升意味着成本的相应上升，而成本的上升也将转化为价格的普遍上涨。假定短缺的消费品价格上涨引起了实际收入水平的下降，那么从形式上看，商品市场达到了事后的均衡，即商品供给的缺口消失了，但这是明显地以实物消费量的不足作为代价的，即商品短缺将以消费不足作为可供选择的解决途径。

现在要讨论的问题是：在非均衡条件下，由于资源供给约束的存在，无论是短缺的生产资料价格上涨还是短缺的消费品价格上涨，都不可能利用价格的上涨来促成商品供给的相应增加。商品供给的价格弹性是较弱的。如果商品需求的价格弹性是较弱的或者甚至是正常的，那么在商品供给价格弹性较弱的条件下，价格上涨后商品供给的缺口不可能消失。如果这种情况下商品需求的价格弹性较大，那么价格上涨可能以商品需求的较大幅度下降作为结果，也就是说，商品供给缺口的缓和或消失依然会以实物消费量的不足作为代价。

于是就会有一个值得注意的过程，即商品的短缺以过度需求作为开始，最终，不管工资是否随价格上涨而上升，只要处于资源供给约束的条件下，那么较弱的商品供给价格弹性仍将以消费不足作为整个过程的结束。这就是说，过度需求是由于客观上出现了实物消费量的不足而被强制地缓解。

但问题并不到此为止。由于双轨经济体制的存在意味着第二类非均衡状态的存在，所以企业缺乏独立商品生产者地位这一事实对商品市场上出现的供给缺口还有着另外的重要影响。要知道，在双轨经济体制之下，一部分商品实行的是固定价格，另一部分商品实行的是市场价格；或者，同一类商品中，有些按固定价格配售，有些按市场价格销售，利润率的差别是存在的。在这种情况下，如果企业是自主经营、自负盈亏的商品生产者，能按自身的经济利益进行经济活动，那么即使存在着两种价格，但企业能够按照自身利益的多少来对待两种价格下的利润率差别，从而以资源组合的调整来适应这种情况。比如说，在企业无法依靠固定价格的原材料供给来满足自己的要求时，它们会参照利润率大小来选择自己的对策，这样，在利益原则的引导下，企业会以调整自己的产量来适应商品市场的短缺。即使在前面已经提到的在商品供给缺乏价格弹性或商品供给价格弹性较弱的资源供给约束条件下，企业产量的调整对由于商品供给缺口存在而引起的物价上涨、实际消费量不足等等仍有一定的缓解作用。然而，如果企业不是自主经营、自负盈亏的商品生产者，不能按自身经济利益进行活动，那么情况便有所不同。

在后面这种情况下，一旦商品市场上出现了供给缺口，物价上涨和实物消费量不足成为不可避免的后果，而企业自身又没有按经济利益来调整资源组合和调整产量的兴趣和可能，企业只好根据行政当局的意图来被动地承受市场商品短缺所带来的成本上升等损失。如果企业按固定价格购进原材料，按市场价格销售产品，那么企业将有盈利，但这不是通过企业努力提高经济效益而得到的。如果企业按市场价格购进原材料，按固定价格销售产品，那么企业会亏损，而这种亏损并不反映企业经营的好坏。即使企业既按固定价格购进原材料，又按固定价格销售产品，但只要原材料和产品的固定价格定得不合理，那么由此造成的企业盈亏不仅与企业经济效益有关，而且是挫伤企业提高自身经济效益的积极性的重要原因。企业提高自身经济效益的积极性受到挫伤，必然使商品供给缺口难以缩小，甚至还会使这一缺口扩大。第二类非均衡条件下商品供给缺口之所以旷日持久，不易缓解，可以由此得到解释。

二、双轨经济体制下商品供给缺口与商品需求缺口的并存

社会主义经济中可能出现商品供给缺口与商品需求缺口并存的情况。前者来自货源的有限，后者来自市场的有限。只要把商品结构问题考虑进去，对两类缺口的并存就不难理解。本书第一章在讨论资源配置失调与社会主义经济中的“滞胀”问题时，已经对“滞胀”同时出现的原因作了分析。那里的分析对于商品供给缺口和商品需求缺口并存而言，同样适用。下面，着重讨论的并不是两类缺口并存的原因，而是两类缺口并存对商品市场均衡的影响，包括初始影响与继发性影响。

（一）两类缺口并存对商品市场均衡的初始影响

两类缺口并存时，由于商品结构不协调而导致商品供求缺口在总量上完全相等，是极为罕见的。经常发生的，或者是在总量上商品供给缺口大于商品需求缺口，或者是在总量上商品供给缺口小于商品需要缺口。前一种情况显然是：以商品供给缺口为主，商品需求缺口为次；后一种情况显然是以商品需求缺口为主，商品供给缺口为次。

由于商品结构不同，短缺的商品不能依靠过度供给的商品来替代，即货源的缺口与市场的缺口不能相互抵消。

但对于商品市场均衡而言，两类缺口并存的影响却要比一类缺口存在时复杂得多。在这里，需要指出的是，在经济非均衡的条件下，价格是不灵活的，或者说，至少是价格的变动幅度是不对称的。存在着商品供给的缺口时，价格将上涨，而在出现商品需求的缺口时，价格不下降，

或只有较小程度的下降。因此，一般价格水平在两类缺口并存时仍有上涨的趋势。再从实物消费量的角度来看，当发生商品供给缺口时，物价的上涨最终会以实际收入下降和实物消费量不足作为代价；而在出现商品需求缺口时，尽管物价不变甚至物价还会有较小幅度的下降，但经济停滞（以滞销商品的生产者生产量减少或生产增长率下降为标志）却会给经济带来以下三方面的结果：

第一，在物价上涨的同时所出现的经济停滞或经济增长率下降，意味着在物价上涨的同时将出现失业的增加或就业增长率的下降；

第二，在物价上涨的同时所出现的经济停滞或经济增长率下降，意味着在物价上涨的同时将出现财政收入的下降或财政收入增长率的下降；

第三，失业的增加或就业增长率的下降，以及财政收入的下降或财政收入增长率的下降，都可能导致实际收入水平的降低或实物消费量的减少。

因此，两类缺口并存与只存在商品供给缺口时所发生的情形有很大的相似之处。这就是在非均衡条件下，以及在商品供给的价格弹性较弱的条件下，无论是只存在商品供给缺口还是商品供给缺口与商品需求缺口并存，都会引起价格上涨和实物消费量的不足，并且最终都会以实物消费量的不足来缓解商品供给缺口。但这一缓解商品供给缺口的过程，在商品供给缺口与商品需求缺口并存的场合，要比在单纯出现商品供给缺口的场合复杂得多。这与两类缺口并存对商品市场均衡的继发性影响有关。

（二）两类缺口并存对商品市场均衡的继发性影响

关于这种继发性影响，可以从以下两方面来考察：

一方面，商品供给缺口和商品需求缺口尽管不会相互抵消，但彼此交叉影响则很难避免。比如说，假定生产资料的供给不足，消费资料的需求不足；或者，假定一部分生产资料（如原材料）的供给不足，另一部分生产资料（如设备）的需求不足；或者，假定一部分消费资料（如食物）的供给不足，另一部分消费资料（如工业生产的日用消费品）的需求不足，那么在所有这些场合，供给不足的那部分商品的价格将上涨，而需求不足的那部分商品即使滞销、积压，但价格刚性的存在仍会维持这些商品已经达到的价格水平；不仅如此，供给不足的那部分商品价格的上升也会对需求不足的那部分商品价格发生影响，即或者是由各种商品价格互为成本所造成的影响，或者是由于商品比价调整所造成的影响，从而需求不足的那部分商品的价格最终也会上涨。这样，再返回去影响供给不足的商品，价格的交替上涨局面就有可能出现。这在第二类非均衡中尤为明显。

另一方面，假定现在不考虑需求不足的那部分商品的价格刚性的存在，即一旦某些商品出现了供大于求的状况，价格将会下降，于是将导致这部分商品的产量的下降。在市场完善的条件下，产量下降的这些商品的生产部门将发生资源转移，即资源转移到供给不足的商品的生产部门，从而会缓和后者的商品价格的上涨趋势。然而在非均衡条件下，由于市场不完善和资源转移的困难，产量下降的这些商品的生产部门的闲置资源不可能顺利地转入供给不足的商品的生产部门，从而供给不足部门的商品价格上涨趋势仍难以被抑制。但问题并不会到此为止。因供给不足而引起的价格上涨意味着实际收入可能下降，因需求不足而引起的产量下降意味着货币收入也可能下降，这样，无论是供给不足的商品和需求不足的商品的下一轮的产量和销售量都将因居民收入的变动而发生影响，商品市场的非均衡状态不仅不可能在这一变动过程中消失，甚至有可能加剧。可见，这些继发性的影响是不可忽视的，第二类非均衡中尤其如此。

（三）对社会主义经济中“滞胀”的进一步认识

关于商品供给缺口与商品需求缺口所造成的危害，通常不是被忽略，就是被低估了。这实际上也同对社会主义经济中发生“滞胀”的可能性经常被人们忽视一样。

商品供给缺口的存在，将引起价格的上涨；商品需求缺口的存在，将引起商品滞销而导致的经济增长率下降。两类缺口并存，将会出现一方面经济增长率下降（“滞”），另一方面价格上涨（“胀”）的情况。然而在非均衡经济中，却有可能遇到如下的情况，即经济增长率虽然下降了，但没有下降得那么多，仍然保持着一定的经济增长率；价格虽然上涨了，但没有上涨得那么多，甚至物价指数只有轻微的上升。于是就被看成是“滞胀”并未发生的一个证据。对“滞胀”的认识不足，会在对策的选择上产生失误，从而延误了对已经发生的“滞胀”的治理。

必须指出，在非均衡条件下，社会主义经济中的“胀”分为两类：公开的“胀”和隐蔽的“胀”。公开的“胀”是指价格的上涨，表现为物价指数的上升。隐蔽的“胀”则是指表面上价格未变，物价指数没有上升，但实际上，或者是有价无货，或者要排长队才能买到所需要的商品（根据优先原则实现的配额），或者商品定量、限额供应（根据平均原则、目标原则或历史原则实现的配额）。从商品结构来说，可能有些短缺商品的价格是以公开的“胀”的形式出现的，另一些短缺商品的价格则以隐蔽的“胀”的形式出现。于是公开的“胀”与隐蔽的“胀”并存。

在非均衡条件下，社会主义经济中的“滞”也可以分为两类：公开的“滞”和隐蔽的“滞”。公开的“滞”是指经济增长率下降到较低的水平，包括接近于零或成为负值。隐蔽的“滞”则是指表面上总产值仍有所增长，即经济增长率维持一定的数值，但实际上有效供给却没有增加。比如说，在经济增长率仍维持一定的数值的条件下，所生产的商品中有一些并不是社会所需要的商品，这些商品被生产出来以后，就成为工厂、商店的库存滞销商品。但由于产值仍在增加，所以人们没有认识到这也是一种“滞”，是一种隐蔽的“滞”。

既然“胀”分为两类，“滞”也分为两类，所以在经济生活中，“滞胀”可能有四种不同的组合方式。这就是：

1. 公开的“胀”与公开的“滞”并存而形成的“滞胀”；

2. 公开的“胀”与隐蔽的“滞”并存而形成的“滞胀”；

3. 隐蔽的“胀”与公开的“滞”并存而形成的“滞胀”；

4. 隐蔽的“胀”与隐蔽的“滞”并存而形成的“滞胀”。

有些人不了解“滞”和“胀”都分为两类，不了解隐蔽的“滞”同样是“滞”、隐蔽的“胀”同样是“胀”，因此，对于上述四种不同组合的“滞胀”也会有不同的认识：即只承认其中第一种组合的“滞胀”才是“滞胀”，第二种组合的“滞胀”只是“胀”，而不是“滞胀”，第三种组合的“滞胀”也不是“滞胀”，而只是“滞”。至于第四种组合的“滞胀”，则既不是“滞”或“胀”，更不是“滞胀”。这种错误的认识对于“滞胀”的治理显然是十分不利的。它低估了非均衡经济的复杂性。

其实，这四种不同组合的“滞胀”全都是非均衡条件下商品供给缺口与商品需求缺口并存的反映。要解决社会主义经济中的“滞胀”现象，除了要根据具体的情况采取相应的措施以外，更重要的是从理论上认清“滞胀”的不同组合及其出现的可能性，然后再研究商品市场配额均衡实现的方式。

三、商品市场配额均衡逐步实现的可能性

根据以上的分析，我们可以得出以下两个论点：第一，双轨经济体制下的商品供给缺口的存在，甚至商品供给缺口和商品需求缺口的并存，不仅会导致价格上涨，而且还会导致收入下降，使商品市场的均衡状态难以恢复；第二，如果这时是处于双轨经济体制之下，那就表明经济尚未摆脱第二类非均衡状态，即在市场不完善的同时，企业尚未自主经营、自负盈亏，这样，一旦出现了商品供给缺口（更不必说商品供给缺口与商品需求缺口并存了），必须通过商品市场的配额来达到事后的均衡，即配额均衡，但究竟怎样才能实现配额均衡，仍是一个有待于探讨的课题。

当然，双轨经济体制下的商品市场配额均衡是有可能实现的。从理论上看，以下三方面的措施是促进双轨经济体制下商品市场配额均衡逐步实现的有效措施：

第一，按照前面已经论述的关于从第二类非均衡过渡到第一类非均衡的要求，在双轨经济体制之下，最重要的政策是赋予微观经济单位以充分的活力，使它们从不能自主经营和不能自负盈亏的状态转变为自主经营和自负盈亏。

这是微观经济单位从内部产生自我成长、自我约束的机制的必须具备的前提。只要微观经济单位真正建立了按

自身利益来调节生产和经营的机制，那么即使在商品供给不足或商品需求不足存在的场合，微观经济单位至少能够适应市场供求的变化，使商品的供给缺口和商品的需求缺口不至于扩大。

应当指出，双轨经济体制下所产生的传统经济体制与新经济体制的摩擦，主要不是反映了两种价格的摩擦或两种市场的摩擦，而是反映了微观经济单位本身活力的缺乏以及由此而造成的微观经济单位对两种价格、两种市场的不适应，反映了微观经济单位本身缺乏利益的制约以及由此而造成的交易行为的扭曲。要知道，只有在经济处于均衡状态中，也就是处于完全竞争并且既无超额需求、又无超额供给的条件下，才有可能存在一种价格（完全竞争的市场价格）、一种市场（完全竞争的市场），而在非均衡条件下，在经济中存在着各种不完全竞争以及存在着商品供给缺口和商品需求缺口的条件下，经济中始终存在两种价格（即完全竞争的市场价格和不完全竞争的市场价格）、两种市场（完全竞争市场和不完全竞争市场），通过配额来应付有限的货源或有限的市场的情况也是始终存在的。因此，对于双轨经济体制下的商品市场中的问题，首要的是把微观经济单位改变为自主经营、自负盈亏的商品生产者，让它们适应于两种价格、两种市场的事实，并且通过它们根据自身的利益原则而发挥的自我调节和自我制约作用来缩小商品市场上的供给缺口或需求缺口。

第二，要等到所有的微观经济单位都已经转变为自主经营、自负盈亏的商品生产者再着手处理商品市场上的供给缺口或需求缺口问题，是不现实的，而且实践中会使经济蒙受许多不必要的损失。

在这种情况下，需要采取的措施是：在促使微观经济单位转变为自主经营、自负盈亏的商品生产者的过程中，要正确处理政府调节与市场调节之间的关系，让政府调节与市场调节共同对商品市场的供给缺口与需求缺口起作用，商品市场的配额均衡将在政府调节与市场调节起共同作用的条件下实现。两次调节将在商品市场配额均衡实现的过程中体现出来，这是指：尽可能让市场调节在商品市场配额均衡的实现中起作用，而让政府调节作为高层次的调节，对于市场调节所不可能实现的商品市场配额均衡任务起再调节的作用，直到配额均衡逐步实现。在这里，不能把第一次调节与第二次调节的作用颠倒过来，否则，商品市场配额均衡的实现将是困难的，而且即使勉强地达到了配额均衡，但从经济运行的连续过程来看，在商品市场上继续存在着供给缺口或需求缺口的条件下，再度实现商品市场配额均衡的难度将不会减少，只会增大。

第三，由于通过政府调节与市场调节所实现的配额均衡是在微观经济单位逐步转变为自主经营、自负盈亏的商品生产者的过程中达到的，因此要积极利用政府调节的影响来促进非均衡程度的减轻。

这就是说，一方面应当注意到在微观经济单位尚未完全自主经营、自负盈亏时，它们的实际处境对于政府调节与市场调节的干扰，也就是对于商品市场配额均衡实现的干扰；另一方面则应当注意到，如果正确地处理政府调节与市场调节之间的关系，并根据这种关系来制定调节措施，那么在商品市场配额均衡实现过程中，微观经济单位的自主经营、自负盈亏的实现过程也会加快。这就是商品市场配额均衡的实现对于第二类非均衡向第一类非均衡转变的积极影响。

第二节　商品市场上数量—价格调节措施的运用

一、广义与狭义的数量—价格调节措施

在经济只存在商品供给缺口的条件下，要做到商品市场的事后均衡，有赖于采取数量—价格措施，而且应当根据商品市场事先的不均衡程度，确定数量调节措施与价格调节施措在整个调节措施中的位置。简单地说，商品市场事先的不均衡状态越严重，数量调节措施相对而言就越重要；商品市场事先的不均衡状态轻一些，那么价格调节措施相对而言就不重要一些。

在讨论数量与价格调节措施时，必须了解到这里所说的价格调节是指广义的价格调节，数量调节也是指广义的数量调节。广义的价格调节与狭义的价格调节不同。狭义的价格调节仅指商品价格（包括生产资料价格和消费品价格）的调节，例如降低价格以导致成本下降，从而促进供给；提高价格以导致制成品销路下降，从而抑制需求，这样都可以达到消除商品供给缺口的目的。广义的价格调节则把价格调节范围从商品价格调节扩大到各个市场上的价格的调节。资金市场上的利息率调节、劳务市场上的工资率调节、房地产市场上的价格变动和租金率调节、外汇市场上的汇率调整等等，都属于广义的价格调节。广义的数量调节也与狭义的数量调节不同。狭义的数量调节仅指商品数量（包括生产资料数量和消费品数量）的调节，例如在一定的情况下扩大自由购销的商品数量或缩小自由购销

的商品数量，缩小按固定价格配售的商品数量或扩大按固定价格配售的商品数量等等，都有助于增加供给或抑制需求，从而消除商品供给的缺口。广义的数量调节则把数量调节范围从商品数量调节扩大到各个市场上的数量调节。例如：

在资金市场上，信贷规模的调节就是一种数量调节。二元信贷制度（计划信贷与市场信贷并存的制度）的运用，以及计划信贷数量与市场信贷数量各自在信贷总量中所占的比例的变化，也属于数量调节范围。再以中央银行调节手段中的存款准备率调节来说，尽管存款准备率调节与利息率调节有相似之处，但这是数量调节，而不是价格调节，因为存款准备率的变动直接影响着商业银行的信贷规模。

在劳动力市场上，就业规模的调节、劳动力的组合方式的变更、退休年龄的调整，以及二元用工制度（固定工制度与合同工制度的并存）的运用等，都属于数量调节范围。

在房地产市场上，对房地产出租和出售的数量控制就是这一市场上数量调节方式。

在外汇市场上，不采取汇率调整而采取诸如出口津贴、进出口限额、外汇管制之类的措施，也都属于数量调节范围。

此外，财政调节手段基本上是一种广义的数量调节，而不是价格调节。关于财政支出的数量调节性质，是比较容易理解的。那么财政收入的调节的性质又如何呢？政府债券的出售主要是数量调节方式，因为这是需要确定通过出售政府债券而增加的政府收入数量。国有资产的出售，情况也是如此。这里涉及价格问题，但数量调节是首要的。对于税收的调节，应当持有这样的看法：税收总量的确定、税收结构的调整无疑是数量调节，而税率的确定和调整，也具有一定程度的数量调节的性质。税收数量多少不一定涉及价格调节所依据的市场供求比例问题。当然，在西方经济学家的论述中，也有把税收看成是公共产品市场上的价格的观点。现在姑且不去评论这种观点正确与否到何种程度，即以公共产品市场来看，它与以上所提到的商品市场、资金市场、房地产市场、外汇市场等等在性质上是有区别的。这是因为，最重要的公共产品——国防、司法与治安，即所谓“安全、公正与秩序”——的惟一供给者是政府，需求者别无选择这些最重要的公共产品价格由供方所决定，这种价格一般不涉及供求比例是否协调的问题或供给价格弹性和需求价格弹性大小的问题。因此，即使我们可以认为税率调节也在一定程度上具有价格调节的性质，但它与一般市场上的价格调节是很不相同的。我们同样可以认为税率的变动在一定程度上属于数量调节之列。

二、数量调节、价格调节与市场调节、政府调节的关系

如上所述，无论是在单独发生商品供给缺口还是在商品供给缺口和商品需求缺口并存时，数量调节与价格调节总是配合使用的。在了解二者的配合方式之前，有必要先对二者之间的关系进行分析。

能不能简单地认为价格调节主要同市场调节有关，而数量调节主要同政府调节有关呢？应该说，这种提法在理论上没有根据，而在实际经济生活中，也与事实不符。价格调节，既有市场调节中的价格调节，又有政府调节中的价格调节，市场调节中的价格调节是指：在政府不干预的条件下，如果国民经济中出现了供大于求或供不应求的现象，那么市场的供求关系将导致价格的变动，而价格的变动又导致供求关系的变动，最终使供求趋于平衡。价格的

这种自发的变动就是市场调节中的价格调节。政府调节中的价格调节是指：如果国民经济中出现了供大于求或供不应求的现象，政府对价格进行干预，例如提高或降低固定价格，对市场价格规定了最高限价或最低支持价格，以及给市场价格以一定的浮动幅度等等，以影响供求关系。因此，政府调节中的价格调节就是指政府运用价格杠杆来调节市场的供求。以上关于市场调节中的价格调节和政府调节中的价格调节的解释，既适用于狭义的价格调节，又适用于广义的价格调节。

数量调节的情况与此相似。数量调节也是既与市场调节有关，又与政府调节有关。市场调节中的数量调节是指：在政府不干预的条件下，由市场自身按数量进行配额调节。比如说，在商品有供给缺口时，一定量的商品按照“谁先来，谁来买”的优先原则进行销售，直到销售完毕为止；在商品有需求缺口时，一定份额的市场按照“谁先来，谁先卖”的优先原则进行销售，直到市场被占领完毕为止。这些都属于市场的数量调节。又如，在商品有供给缺口或需求缺口时，如果一定的市场上有垄断企业存在，那么垄断企业也可能采取数量调节方式（如分配市场份额，分配货源），但这不是政府的数量调节，而是垄断竞争市场或垄断市场上的数量调节。政府调节中的数量调节是指：政府利用各种数量调节手段在各种市场上进行调节，以弥补价格调节之不足。

由此可见，在分析数量调节与价格调节之间的关系时，首先应当了解到，不管是市场调节还是政府调节，每一种调节都包括价格调节和数量调节，而不能认为价格调节主要同市场调节有关或数量调节主要同政府调节有关。

三、数量调节与价格调节的相互渗透关系

接着，让我们再就另一个意义上的数量调节和价格调节之间的关系进行分析。

如果把数量调节和价格调节都看成是影响微观经济单位（企业和个人）的经济行为的一种调节方式，那么可以认为，纯粹的数量调节和纯粹的价格调节都是不存在的，这两种调节方式在发挥作用的过程中，彼此有一种相互渗透的关系，即数量调节进行后，必然兼有价格调节的效应，而价格调节进行后，也必然兼有数量调节的效应。这两种调节方式中的任何一种，都是依赖着本调节方式的效应和另一种调节方式的效应而发挥其消除商品供给缺口与商品需求缺口的作用的。为了更好地说明这一点，不妨从价格调节方式和数量调节方式两方面来加以论述。

（一）价格调节中的数量调节效应

根据前面的论述，我们已经知道，凡是价格的变动、利息率的变动、工资率的变动、租金率的变动、汇率的变动以及一定程度上的税率的变动，都是价格调节方式。价格调节方式本身的效应在于通过这种变动而影响微观经济单位的现期利益和预期利益，进而影响它们的经济行为。但一旦实行了价格调节，数量调节的效应也就逐步表现出来。

1. 商品市场的情况。在商品市场上，如果是市场的自发的价格调节，那么在价格变动以后，商品的供求比例会发生变动，从而随着商品供给缺口和商品需求缺口的变动，由市场自身按数量进行的配额调节也就发生变动，或者由垄断企业按数量进行的配额调节发生变动。市场上这种继

价格调节之后而发生的数量调节（配额调节）都是在政府不干预的条件下实现的。实际上，如果说通过市场的价格调节而导致商品供给缺口或商品需求缺口有所缩小的话，那么应当把这种缩小看成是价格调节和数量调节都发挥了作用的结果。

在商品市场上，如果是政府的有目的的价格调节，那么在政府提高或降低固定价格之后，不仅发生了价格调节效应，而且由于固定价格的变动而势必影响了非固定价格，影响了固定价格与非固定价格的比例，影响了按固定价格销售的商品和按非固定价格销售的商品各自的销售数量以及它们在总销售数量中的比例，这样，也就对政府的配额调节发生影响。政府需要根据价格调节而引起的供求变化状况，调整下一步的调节措施，其中就包括了数量调节措施的调整。因此，如果说政府通过价格调节而导致商品供给缺口或商品需求缺口有所缩小的话，那么这种缩小同样是价格调节和数量调节都发挥了作用的结果。

2. 其他市场的情况。其他市场上的情况与商品市场上的情况是类似的。当市场自发地进行利息率、工资率、租金率等等调节时，或者，当政府有目的地进行利息率、工资率、租金率等等调节时，虽然这些都是价格调节，但一旦这些市场上的供求缺口随之而变动以后，数量调节的效应也就表现出来了。例如，利息率的变动将影响信贷配额的调整；工资率的变动将影响就业岗位的配额的调整；租金率的变动将影响租赁对象的配额的调整。这表明，供求缺口的最终调节结果，固然与价格调节的作用有关，但也与价格调节以及随之而发生的数量调节二者的共同作用有关。

在其他市场上，价格调节中的数量调节效应也许比商品市场上的价格调节中的数量调节效应更加明显一些。这是因为，商品的种类是繁多的，各种商品之间存在着一定的替代关系，需求者在购买对象之间的选择余地较大，而且，假定商品需求者是居民个人，这么他们还可以在现期消费与延期消费之间作出选择，即在消费与储蓄之间作出选择，这些都可以被看做是商品市场的特色。其他市场则不一定具有以上所谈的这种特色。这是因为，资金市场、劳务市场、房地产市场上的“商品”的种类较少，各种“商品”之间的替代性较弱，需求者的选择余地也较小，因此，只要出现了供给缺口或需求缺口，数量调节的效应就明显地表现出来。比如说，资金市场一出现资金过剩，资金供给者就竭力想给过剩的资金找出路，否则利息损失过大，而在资金市场一出现资金不足时，资金需求者也就会多方设法获取资金，否则整个经济活动就会停顿下来。这样，无论是过剩的资金寻找出路还是资金的短缺所引起的对资金的追求，都将迅速导致资金市场的配额调节（过剩资金在有限的资金需求者之间的分配）或资金本身的配额调节（不足的资金在众多的需求者之间的分配）的出现。数量调节的这种效应不管在资金市场上是否出现了价格调节都会迅速反映出来。实际上，只要有了资金供给缺口或资金需求缺口，即使政府不进行利息率调节，市场的自发和利息率调节就已经开始了，于是市场的自发的利息率调节效应也就很快地同数量调节效应共同发生作用。工作率调节和租金率调节中的数量调节效应，也可以用同样的道理来加以说明。

（二）数量调节中的价格调节效应

数量调节中的价格调节效应进一步说明了数量调节和价格调节之间的相互渗透关系。数量调节是通过数量配额而发挥其调整供求比例的作用的。无论是市场自发的数量调节还是政府有目的的数量调节，都通过配额的调整而影响微观经济单位的现期利益和预期利益，进而影响它们的经济行为。但只要数量调节被推出，价格调节的效应也就逐步表现出来，这些情况与价格调节中数量调节效应的发挥过程是相似的。

1. 商品市场的情况。在商品市场上，如果市场自发地进行数量调节，即按照数量配额来调整供求关系，使有限的供给符合众多的需求者，或使有限的需求符合众多的供给者，那么这样一来，价格也就会随之变动。这是因为，在供给缺口或需求缺口存在的条件下，采取了自发的数量配额的调节，必然会使得未能满足要求的需求者提高价格；使得未能满足要求的供给者降低价格，所以在数量调节过程中，价格调节（尽管是自发的价格调节）的效应将得到反映。

如果在商品市场上实现的是政府的数量调节，那么在实现这种数量调节以后，也会表现出价格调节的效应。比如说，政府采取措施，调整按照固定价格销售的商品的范围，这就不可避免地影响非固定价格销售的商品的价格，使之上升或下降，从而影响商品市场上的供求比例。又如，政府采取措施，对供给不足或需求不足的商品实行平均分配货源或平均分配市场的办法，这也是数量调节的方式之一，它同样会带来价格的变动，影响商品供求关系。再如，政府采取措施，对供给不足或需求不足的商品根据政府所确定的目标原则，按优先顺序排列来分配货源或分配市场，这种数量调节方式无疑也会引起价格的变动。可见，政府采取的数量调节中，无论哪一种数量调节方式，都兼有价格调节的效应。

2. 其他市场的情况。政府采取的数量调节中的价格调节效应，在资金市场、劳务市场、房地产市场、外汇市场上的反映同样要比在商品市场上的反映更加明显些和突出些。这与前面在分析价格调节中的数量调节效应时所提到的商品市场与其他市场的区别有关。

例如，在资金市场上，如果政府根据资金供给的缺口或资金需求的缺口而采取调整信贷规模，调整计划信贷与市场信贷的比例，或调整存款准备率等数量调节方式，那么即使政府制定的利息率不变，但由于资金市场资金供求状况的变化必然影响到市场利息率，使之或升或降，而市场利息率的变动迟早会影响政府制定的利息率。这就是资金市场上数量调节中的价格调节效应的反映。

又如，在劳务市场上，如果政府根据劳务供给的缺口或劳务需求的缺口而采取调整就业规模或调整固定工所占比例和合同工所占比例等数量调节方式，那么即使这些措施并不直接影响工资率，但它们却无疑地会影响劳动力的流动速度和劳动力的职业选择方向，而劳动力的流动状况和职业选择方向的改变迟早也会影响工资率，进而影响劳动力的供求。

关于房地产市场和外汇市场上的情况，也与此相似，即只要政府采取了数量调节，它们总会兼有价格调节的效应，使这些市场的供求关系受到数量调节和价格调节二者的共同影响。

四、商品市场上数量—价格调节措施的配合

对数量调节与价格调节之间存在的相互渗透关系的了解，有助于政府在进行调节时自觉地把数量调节措施与价格调节措施配合运用。要知道，假定政府不能自觉地采取这些配合措施，那么市场本身也会自发地把市场的价格调节与市场的数量调节结合起来，使它们共同发生作用。在

经济处于非均衡的条件下，如果已经不可能单纯依靠市场调节（包括市场自发的价格调节和市场自发的数量调节）来减少非均衡所造成的损失的话，那么政府自觉地把数量调节与价格调节配合起来加以运用，就可以更好地发挥政府调节的作用。

下面，按商品供给缺口的存在以及商品供给缺口和商品需求缺口的并存这两种不同的情况分别论述。

（一）商品供给缺口存在条件下数量—价格调节措施的配合

在这里首先应当指出，商品市场、资金市场、劳务市场、房地产市场、外汇市场等等是紧密地联系在一起的，一个市场的供求关系的变化会影响到另一个市场的供求关系。我们不能认为商品供给缺口的缓和或消除仅仅靠商品市场上采取调节措施就能奏效的。虽然商品供给缺口所表现出来的是商品市场上的供不应求，从而在商品市场上采取调节措施十分必要，但如果其他市场的情况不变，那么商品市场这一市场上的变化并不能导致商品供不应求现象的缓和或消失。因此，在讨论商品供给缺口存在条件下数量—价格调节措施的配合时，实际上意味着商品市场以及其他有关市场上数量—价格调节措施的配合。

如上所述，在商品供给缺口存在的条件下，数量调节与价格调节共同使用中的主次排列应以非均衡程度大小为依据，即非均衡程度越大，数量调节所占的比重就越大。商品供给缺口与商品需求缺口并存时，数量调节与价格调节各自所占比重的大小也同样地以非均衡程度为转移。下面，让我们根据商品供给缺口存在条件下的一般情况，把

可供选择的数量—价格调节措施的配合方式列举如下：[1]

A. 在商品市场上：针对商品供给的缺口，可供选择的政府调节措施中，属于价格调节的有：

①从抑制需求的角度着眼，提高短缺商品的销售价格；

②从增加供给的角度着眼，降低用于生产短缺商品的各种生产资料的价格；

属于数量调节的有：

③从抑制需求的角度着眼，调整按固定价格销售的范围，例如把某些商品从按非固定价格销售改为按固定价格销售，把另一些商品从按固定价格销售改为按非固定价格销售；

④从抑制需求的角度着眼，对某些商品实行配额制，对另一些商品，则取消配额制或放宽配额限制；

⑤从增加供给的角度着眼，调整按固定价格销售的范围。哪些商品应从按固定价格销售改为按非固定价格销售，哪些商品应从按非固定价格销售改为按固定价格销售，与③项所指的相反；

⑥从增加供给的角度着眼，调整商品配售制的实行范围。哪些商品实行配额制，哪些商品取消配额制或放宽配额制，与④项所指的相反。

B. 在资金市场上：针对商品供给的缺口，可以相应地采取调节措施，这些调节措施应当同商品市场上所采取的调节措施相配合。属于价格调节的有：

⑦从抑制需求的角度着眼，提高利息率，旨在压缩对短缺商品的购买；

---

① 在我所写的《国民经济管理学》（河北人民出版社 1988 年版）一书中，已经提到这个问题了。见该书表 12—1，表 12—3。这里是在该书已经论述的基础上再作进一步分析。

⑧从增加供给的角度着眼，降低利息率，旨在促进短缺商品的生产；

属于数量调节的有：

⑨从抑制需求的角度着眼，紧缩信贷规模，旨在压缩对短缺商品的购买；

⑩从增加供给的角度着眼，扩大信贷规模，旨在促进短缺商品的生产；

⑪从抑制需求的角度着眼，调整计划信贷和市场信贷二者在信贷总量中的相对份额，旨在压缩对短缺商品的购买；

⑫从增加供给的角度着眼，调整计划信贷和市场信贷二者在信贷总量中的相对份额，旨在促进短缺商品的生产。

C. 在劳务市场上：针对商品供给的缺口，可以相应地采取调节措施，这些调节措施应当同商品市场上所采取的调节措施相配合。属于价格调节的有：

⑬从抑制需求的角度着眼，抑制工资增长率，直到降低工资率，以压缩社会的消费基金及其增长；

⑭从增加供给的角度着眼，提高短缺商品的生产部门以及向短缺商品生产部门提供生产资料的那些部门的工资率，并容许其工资有一定的增长；

属于数量调节的有：

⑮从抑制需求的角度着眼，调整就业规模，控制就业人数及其增长率，调整固定工与合同工在就业人数中的相对份额，旨在压缩社会的消费基金及其增长；

⑯从增加供给的角度着眼，放宽短缺商品的生产部门以及向短缺商品生产部门提供生产资料的那些部门的就业人数限制，容许其就业人数有一定的增长。

D. 在房地产市场上：针对商品供给的缺口，也可以采取一些调节措施，这些措施同样应当同商品市场上所采取的调节措施配合。属于价格调节的有：

⑰从抑制需求的角度着眼，调整租金率，以达到压缩社会需求的目的；

⑱从抑制需求的角度着眼，调整房产价格，以减轻短缺商品市场所面临的压力；

⑲从增加供给的角度着眼，调整租金率，旨在促进短缺商品的生产；

⑳从增加供给的角度着眼，调整房产价格，以促进短缺商品的生产；

属于数量调节的有：

㉑从抑制需求的角度着眼，扩大可供租让使用的土地面积或增加可供出售的房屋数量，以减轻短缺商品市场所面临的压力；

㉒从增加供给的角度着眼，调整土地租让使用的规模，调整房屋出售的规模，以促进短缺商品的生产。

E. 以上所列举的各项价格调节措施和数量调节措施，还只限于商品市场、资金市场、劳务市场、房地产市场上的调节措施。除此以外，针对商品供给的缺口，还有其他若干调节措施可供选择。属于价格调节的有：

㉓通过外汇方面的调节，达到抑制国内需求和增加国内供给的目的。例如，调整汇率，并通过汇率的变动来影响进口、出口、资金流入、资金流出；

㉔通过税率方面的调节（这里把税率当做一定程度上的价格调节方式来对待），达到抑制国内需求和增加国内供给的目的。例如，调整税率，并通过税率的变动来影响投资和消费，影响商品和劳务的供给量和需求量；

属于数量调节的有：

㉕采取外汇管制措施或放宽对外汇的管制，以影响进

口、出口、资金流入、资金流出，进而达到抑制国内需求和增加国内供给的目的；

㉖通过财政支出的调整，影响投资和消费，影响商品和劳务的供给量和需求量，进而达到抑制国内需求和增加国内供给的目的。

实际上，除了以上这一系列调节措施以外，还可以再列举一些调节措施。而且，每一项调节措施中，又可以再细分为若干具体的措施。这样，对于商品供给的缺口，就可以根据每个时期的具体情况，采取各种不同的组合方式，兼收价格调节和数量调节的效果，而避免单纯采取某一类调节措施（即单纯采取价格调节或单纯采取数量调节）或单纯在某一个市场上采取调节措施所带来的不利影响。

还应当注意到，这里所谈的商品供给缺口存在条件下的数量—价格调节措施的配合，除了它的第一种含义（指既采取价格调节措施，又采取数量调节措施）、第二种含义（指既在商品市场上采取调节措施，又在其他市场上采取相应的调节措施）以外，还有第三种含义，这就是：既可以从抑制需求的角度着手进行数量—价格调节，也可以从增加供给的角度着手进行数量—价格调节。只有从上述三种含义的数量—价格调节措施的配合来理解，才能真正认识到数量—价格调节措施对于国民收入均衡的作用。

第三种含义的数量—价格调节措施的配合，对于商品供给缺口存在条件下的经济管理，无疑是可供选择的。但更加重要的，则是在商品供给缺口与商品需求缺口并存条件下的第三种含义的数量—价格调节措施的配合。在这种条件下，如果只有第一种含义和第二种含义的数量—价格调节，显然难以应付复杂的经济形势。

（二）商品供给缺口和商品需求缺口并存条件下数量——价格调节措施的配合

与商品供给缺口单独存在条件下的调节措施的配合方式相同，在商品供给缺口和商品需求缺口并存的条件下，政府既需要把数量调节与价格调节配合起来运用，也需要在若干个相互联系的市场上采取配合性的调节措施。

与商品供给缺口单独存在条件下的情况不同，在商品供给缺口和商品需求缺口并存时，将更需要从抑制需求和增加供给这两个不同的方面来采取调节措施并使之配合。这是因为，两种缺口的并存给政府调节带来了困难，如果只从抑制需求或增加供给中的某一方面着手调节，那么很可能在抑制需求的同时，需求又增长了，或者在增加供给的同时，供给又下降了。这就是经济中的“并发症”的表现之一。而对于这种“并发症”，惟有采取不同调节措施的配合，才能使它趋于缓和。①

需要探讨的是调节措施配合中的五种不同的方式，即：从调整需求着手的数量调节与从调整供给着手的价格调节的配合；从调整需求着手的价格调节与从调整供给着手的数量调节的配合；从这两个不同角度着手的数量调节配合；从这两个不同角度着手的价格调节配合；以及两个不同角度的数量—价格调节的配合。现分别讨论如下：

1. 从调整需求着手的数量调节与从调整供给着手的价格调节的配合。这种配合方式的特点在于能够以较强的措施来调整社会总需求，防止物价波动过大，以缓解商品供求的缺口，同时，为了不至于使得调整需求的措施对经济

---

① 我在《国民经济管理学》（河北人民出版社 1988 年版）的第八章中，也曾对经济中的“并发症”及其对策作了较详细的论述。在这里，将在此基础上作进一步的分析。

增长产生较大的消极作用，例如，为了不至于因抑制社会总需求过度而阻碍供给的增加，从调整供给方面着手的价格调节措施可以逐渐缓解商品供求的缺口，也就是有利于商品供给缺口和商品需求缺口都趋于缓和。

这种配合方式只要运用得当，政府调整需求的意图与调整供给的意图可以同时达到而不至于发生直接的冲突。这主要是因为，用数量调节方式来调整需求和用价格调节方式来调整供给，在一定程度上可以使微观经济单位根据不同的信号来改变自己的行为。比如说，根据数量信号来调整自己的投资和消费，以适应政府调整需求的要求；根据价格信号来调整自己的投资和消费，以适应政府调整供给的要求。这样，就可以减少微观经济单位自身经济行为中的摩擦，对缓和社会的两个缺口也是有利的。

2. 从调整需求着手的价格调节与从调整供给着手的数量调节的配合。这里所讨论的调节措施的配合方式与前面谈到的那种调节措施的配合方式在性质上基本上是一样的，即二者都可以逐步实现政府的既要缓和商品供给缺口，又要缓和商品需求缺口的目的，同时也可以避免在实现这两个目的过程中的直接冲突。

但与前一种调节措施配合方式的区别在于：由于在调整需求方面采取的是价格调节措施，即用变更某些商品的价格的方式或用变更利息率、租金率的方式来影响投资和消费，不仅有可能遭到微观经济单位较大的抵制，而且调节的效果可能需要较长的时间才能表现出来，因此，这种调节措施的配合方式主要适用于商品供求缺口尚未十分严重的时候，另一方面，由于在调整供给方面采取的是数量调节措施，虽然调节效应的反映较快，但也有可能导致需求的变动幅度较大，因此，这种调节措施的配合方式同样主要适用于商品供求缺口尚未十分严重的时候。换言之，如果客观上已经形成了较为严重的商品供求缺口的形势，调整需求已经成为更为迫切的任务时，那么为了同时缓和商品供给缺口和商品需求缺口，前一种调节措施的配合方式可能比较适合些。如果情况不是那样，那么，可以采取以价格调节来抑制需求和以数量调节来增加供给的调节措施配合方式。

3. 从调整需求和调整供给这两个角度着手数量调节的配合。在商品供给缺口与商品需求缺口同时存在的情况下，如果从调整需求和调整供给这两个角度都着手进行数量调节，那么这多半有一个前提条件，就是市场情况很不好，市场机制很不完善，以至于价格调节难以发挥应有的作用，于是有必要从调整需求和调整供给这两个角度都采取数量调节，以便缓和商品供给的缺口和商品需求的缺口。

这时，一个值得注意的问题是：要防止从需求方面着手的数量调节措施同从供给方面着手的数量调节措施发生冲突，防止二者的效应的抵消。怎样防止呢？一般来说，可以考虑以下三点：

第一，在数量调节方面，根据具体情况，在不同的市场上采取不同的措施。例如，为了调整需求，可以从资金市场着手，采取调整信贷规模的措施，或者，从房地产市场着手，采取调整土地转让使用和房屋出售的数量；而为了调整供给，则可以从劳务市场着手，采取调整就业规模和调整两种用工制度的就业人数的比例等措施，或者，在商品市场上，对按固定价格销售和按非固定价格销售的商品种类和数量进行调整。

第二，即使是同一个市场上或同一个领域内的数量调节措施，也可以从结构的角度加以妥善的处理，以免从需求方面采取的措施同从供给方面采取的措施彼此抵消。例如，在财政支出措施方面，可以通过财政支出结构调整进行妥善的处理：为了调整需求，可以调整某些财政支出项目的数额，而为了调整供给，则可以调整另一些财政支出项目的数额。又如，在银行信贷规模方面，也可以通过信贷支出结构调整进行妥善的处理：为了调整需求，可以调整某些产业部门或某些产品生产单位的信贷规模，而为了调整供给，则可以调整另一些产业部门或另一些产品生产单位的信贷数额。

第三，即使在数量调节方面既能根据不同市场情况而采取不同的措施，又能根据每一个市场的具体措施而对数量调节的结构进行了调整，并作出妥善的安排，但只要同时采取数量调节措施来调整需求和调整供给，那么调节效应之间的冲突有时仍然很难避免。为此，就需要考虑每一项调节措施的效应的滞后性、效应的直接性与间接性，以及正负效应相抵后的净效应问题。效应的滞后期的长短因数量调节措施的不同而不同，这样，就可以使得在需求方面采取的调节措施与在供给方面采取的调节措施不至于在同一时间内发生效应的抵消。效应有直接效应与间接效应的区别，不同的调节措施的直接效应与间接效应不一样，从而也可以缓和需求方面的调节措施同供给方面的调节措施的效应的抵消。至于政府所采取的各种调节措施的最终效果如何，则要根据正负效应相抵以后的净效应大小来确定。商品供给缺口与商品需求缺口不一定是恰好相等的，实际上，不是商品供给缺口更大些，就是商品需求缺口更大些，因此，调节措施的正负效应相抵后的净效应大小将有助于判明两个缺口中究竟哪一个缺口得到较大的缓和。

4. 从调整需求和调整供给这两个角度着手价格调节的配合。这种配合方式的前提条件总地说来与前一种配合方式（从调整需求和调整供给这两个角度着手数量调节的配合）有所不同，即这种配合方式的前提条件多半是市场情况并不十分严重，市场机制虽然不完善，但也没有达到严重不完善的程度，从而可以通过价格调节手段来缓和商品供给缺口和商品需求缺口，而不必采取数量调节措施。

这时，所需要注意的问题仍然与前一种配合方式在运用中所需要注意的问题一样，即需要防止从需求方面着手的价格调节措施同从供给方面着手的价格调节措施发生冲突，防止二者的效应的抵消。因此，同前一种配合方式运用时所要作出的妥善安排一样，在运用这种配合方式时，可以在一些市场上采取某些价格调节措施，而在另一些市场上采取另一些价格调节措施。比如说，为了调整需求，可以变更利息率、租金率；为了调整供给，可以变更短缺商品的价格和降低用于生产短缺商品的生产资料的价格。此外，还可以通过价格结构的调整，使用于调整需求的价格调节与用于调整供给的价格调节不至于发生抵触。例如，为了调整需求，可以变更某些产品的生产和经营的税率；为了调整供给，则可以变更另一些产品的生产和经营的税率，等等。

在分析前一种配合方式时所提到的每一项调节措施的效应的滞后问题、效应的直接性与间接性问题，以及正负效应相抵后的净效应问题，在运用这种配合方式时也是同样需要注意的。只要把不同的价格调节措施安排妥当，它们之间的效应冲突即使还不能完全避免，至少可以大为减少。

5. 从调整需求与调整供给这两个角度着手的数量—价格调节的配合。实际的经济生活是复杂的。在面临商品供给缺口与商品需求缺口并存的场合，以上四种配合方式都比较简单，从而不一定适用于复杂的经济生活。因此，有可能需要从需求与供给两个不同的角度进行数量—价格调节的配合，即为了调整需求，需要采取数量—价格调节，而为了调整供给，也需要采取数量—价格调节。

在这种情况下，所遇到的一个主要问题仍然是调节措施的效应的相互抵消问题。前面所分析的一切，在这里也是适用的。

然而在这里需要注意的是双重配合的问题。这是指：在应付商品供给缺口时，需要把数量调节与价格调节配合使用，以便有效地抑制需求，增加供给；而在应付商品需求缺口时，也需要把数量调节与价格调节配合使用，以便有效地增加需求，减少供给。因此，第一层配合体现于单独应付商品供给缺口或商品需求缺口时数量—价格调节措施的配合，第二层配合体现于在应付商品供给缺口与商品需求缺口并存时数量—价格调节措施的配合，这两层配合都是重要的。如果某一层的配合不当，调节的效应就会抵消。但有关社会主义经济运行过程中的“并发症”及其对策的研究，已经表明，这两层配合仍然是可行的，关键在于措施的安排得当和考虑到不同调节措施的效应滞后问题。①

---

① 参看我所写的《国民经济管理学》（河北人民出版社 1988 年版）第八章和第十二章。

第六章

经济非均衡条件下供求矛盾的缓解

第一节　政府价格调节的逆效应

一、经济非均衡条件下供求缺口的刚性

正如我们所了解的，当前我国经济所处的非均衡状态并不是仅仅与市场不完善有关，而且与企业尚未成为自主经营、自负盈亏商品生产者有关。因此，当经济中出现商品供给缺口时，特别是当经济中出现商品供给缺口与商品需求缺口并存的情况时，政府采取的数量调节手段或价格调节手段虽然能够收到某种效果，但如果企业的运行机制没有得到真正的改造，企业仍然处于行政机构附属物的地位，那么政府的调节效果必然受到限制，供求缺口仍然难以有较大幅度的缓和。这一点，应当成为我们考察当前我国经济问题的出发点。

为了进一步说明这些，让我们从企业尚未成为自主经

营、自负盈亏的商品生产者以及市场不完善条件下供给缺口与需求缺口各自的特征谈起。

从供给缺口的角度来看，在经济处于上述情况时，由于市场的不完善，市场不可能把供给缺口的正确信号传递给企业，也不可能起到动员企业把已有资源转移到用于弥补供给缺口的商品的生产方面的作用；而由于企业缺乏一个自主经营、自负盈亏的商品生产者应有的运行机制，它不仅接收不到市场发出的关于供给缺口的正确信号，而且即使得到了这些信号，它也不可能根据这些信号来调整自己的生产要素组合状况，不可能从市场上得到为调整产量所需要的资源，甚至不可能因提供市场所需要的商品而增加自己的收益。这样，供给缺口具有明显的刚性，它是不可能通过市场的自行调节而缓解的。

再从需求缺口的角度来看，需求缺口的性质和特征在不少方面同供给缺口相似。供给缺口导致了物价上涨，而在存在需求缺口的条件下，积压、滞销的商品的价格并不一定下降，甚至还有可能尾随稀缺商品价格的上涨而上涨。为什么会这样？这同样与经济的非均衡有关。由于市场的不完善，市场不可能把需求缺口的正确信号传递给企业，也不可能起到动员企业把用于生产积压、滞销商品的资源转移到其他方面的作用；而由于企业缺乏一个自主经营、自负盈亏的商品生产者应有的运行机制，它不仅接收不到市场发出的关于需求缺口的正确信号，而且即使得到了这些信号，它也不可能根据这些信号来调整自己的生产要素组合状况，不可能把调整产量所多余出来的资源有效地转移出去，甚至可能因继续提供市场所不需要的商品而使自己受到实际的损失。这样，需求缺口同样具有明显的刚性，它也不可能通过市场的自行调节而缓解。

正由于经济非均衡条件下供给缺口刚性和需求缺口刚

性的存在，所以无论是政府采取数量调节措施还是采取价格调节措施，只要企业的现状没有改变，市场机制也就不可能趋于完善，调节措施的效果就不可能令人满意。不仅如此，在某些场合，政府用以缓和供给缺口与需求缺口的调节措施，甚至可能产生逆效应，即采取调节措施之后，本来指望供给缺口缩小一些，结果，供给缺口反而扩大了；或者，本来指望需求缺口缩小一些，结果，需求缺口也扩大了，这种逆效应是十分值得注意的。

二、经济非均衡条件下的商品供给缺口与政府价格调节的逆效应

关于经济非均衡条件下政府调节中对于可能产生的逆效应，可以按供给缺口和需求缺口两种不同的情况分别予以论述。

假定客观上存在着商品供给缺口，政府决定采取增加供给和抑制需求的价格调节措施。但只要企业仍然缺乏应有的运行机制，再加上市场的不完善，那么有可能发生以下一系列现象：

1. 政府放开价格，旨在以价格的放开来刺激供给，促使供给的增长。但由于供给受到资源的约束，而有限的资源又要通过配额来分配，这样，价格放开以后，一方面，供给不可能因价格上升而同比例增长，或者说，供给增长的幅度必然低于价格上涨的幅度；另一方面，由于企业缺乏利益的约束、预算的约束，在价格上升以后，企业很可能以损害消费者（即把成本的增加转嫁给消费者）和损害国家（即企业因成本增大和利润减少而使财政收入减少）的方式来应付新的经济形势。结果，以价格放开来刺激供给增长的目的并未达到，价格放开所刺激的只不过是价格的轮番上涨。

2. 政府放开价格以后，由于资源有限，市场不完善，企业的处境因企业能否通过各种配额而得到有限的资源供给而异。一些企业得不到所需要的生产资料，或者承受不了价格上升和成本上升所加重的负担，于是不得不停产、减产，这将直接导致供给的下降。还有一些企业，虽然能够通过各种配额得到了生产资料的供给，但由于资源有限而引起预期生产资料价格上涨，从而，这些企业有可能以囤积这些生产资料和转卖这些生产资料来获利，而不愿把它们投入生产领域，结果也将导致供给的下降。

3. 假定政府采取降低利息率的办法来刺激供给，这种做法有可能导致另外一种结果，即由于银行和企业缺乏应有的运行机制，降低利息率固然可以刺激某些产品的产量增长，但需求所受到的刺激则更大，结果，需求增长的幅度大于供给增长的幅度，商品供给缺口更大了，也就是说，无论总量失衡还是结构性失衡变得更加严重了。

4. 政府用放开价格或提高价格的办法来抑制需求的做法，也可能事与愿违。造成这种情况的原因之一是：企业缺乏利益的约束、预算的约束，公共部门也缺乏类似的约束，它们完全不会因为价格的上升而相应地降低自己的购买力，结果，需求或者只能以大大低于价格上升的幅度减少，或者需求基本上维持原状，没有明显的变化。这种情况是屡见不鲜的。通常所说的“社会集团购买力不受价格上升的制约”这一值得注意的现象，可以从利益约束、预算约束的不存在得到解释。

5. 政府用放开价格或提高价格的办法来抑制需求的做法之所以往往事与愿违，另一个原因在于：在资源短缺、商品短缺的的非均衡条件下，价格的上升易于引起居民的预期不稳定或预期紊乱。当居民了解到短期内供给状况不可能有较大好转的时候，他们为了使手头的现金和银行中的存款少受损失，会把延期的消费变为现期的消费，使“持币待购”变为“持币抢购”，“存款待购”变为“提款抢购”。这样，价格的上升不仅没有起到抑制需求的作用，反而使得购买量增长，而“持币抢购”、“提款抢购”现象的发生又势必进一步扩大商品供给缺口，再度引起物价上升，再度引起预期紊乱。

6. 政府用放开价格或提高价格的办法来抑制需求的做法之所以往往事与愿违，还有一个原因，这就是：在资源短缺、商品短缺而市场又不完善的条件下，一些微观经济单位（不仅包括个体户、私营户、企业，甚至还包括居民个人）由于经济行为的扭曲而可能赋予消费品购买以另一种含义，即赋予“额外投资”这一特殊的含义。比如说，名烟、名酒、高档家用电器、名贵药材、高档衣料等等，可能作为“礼品”而被购买，这些消费品的购买量可能不受价格上升的制约。既然购买者把购买这些商品作为一种“额外投资”，那么他们肯定认为“收益”会大于“成本”，从而价格上升之后，这些“礼品”就更显得名贵，“收益”也将更大。此外，在某种意义上，消费者的炫耀性消费也可能较少受到价格上升的制约。即使价格上升了，炫耀性消费也不一定会下降。

7. 假定政府采取提高利息率的办法来抑制需求，至少就投资的角度来看，效果是不好的。原因在于：企业缺乏应有的运行机制，再加上资金供给是有限的，所以企业不一定会因利息率的上升而减少对资金的需求。这表明：如果利息率上升幅度较小，则起不到压缩投资的作用；如果利息率大幅度上升，那么又有可能得出相反的结果，即企业正常的生产和经营活动受到了影响，在需求被抑制的同时供给也被抑制了。供给的被抑制恰恰是与政府希望弥补供给缺口的愿望相抵触的。

以上这些充分说明了在经济非均衡状态中，政府旨在缓和供给缺口的价格调节可能产生逆效应。只要我们了解了当前我国的国情，就不会迷信价格调节在缓和供给缺口方面的作用。

三、经济非均衡条件下的商品需求缺口与政府价格调节的逆效应

从结构性失衡的角度来考察，客观上完全有可能在商品供给缺口存在的同时存在着商品需求缺口。在商品需求缺口存在的条件下，如果政府决定采取增加需求和抑制供给的价格调节措施，以便减少积压、滞销的商品存货，那么这也有可能产生政府价格调节的逆效应，使政府的意图得不到实现。原因同样在于企业缺乏应有的运行机制以及市场的不完善。

1. 政府对某些商品的价格进行调整，旨在以降低的价格来刺激需求和抑制供给的增长。但由于生产这些商品的企业本身不负盈亏，购买这些商品的企业也不是自负盈亏的，因此价格信号对它们起不到预定的刺激需求和抑制供给的作用。需求可能有所增加，供给也可能有所下降，但都与价格下降的幅度不相适应。

2. 假定某些企业接收到价格下降的信号而着手减少有关商品的产量，但由于企业的财产关系不明确，企业对于多余的生产资料和人力无法处置，结果，产量的减少只可能导致企业亏损的增加，而企业亏损的增加又导致财政收入的减少，这一新的宏观经济形势可能迫使政府改变原先的降低价格的决定。

3. 假定某些企业接收到价格下降的信号而准备着手增加有关商品的购买量。但是，由于企业是在整个经济中存在着资源供给有限的条件下进行生产的，企业为了增加社

会短缺的商品的产量和减少滞销商品的产量，必须对原材料和设备的结构进行调整，这样才能改变产品结构。如果企业只增加某些商品的购买量（这是由于价格下降所导致的），而未能购买到与此相配套的另一些商品（这是由于受到资源供给有限的制约），那么企业要么停止购买这些降了价的商品，从而政府预定要实现的刺激需求的目标难以实现，要么购买了这些降了价的商品，但并不是用于增加社会短缺的商品，而是把它们囤积起来，等到以后价格上升后再转卖出去，从而政府调整产品结构的意图仍难以实现。

4. 在商品需求缺口存在的条件下，如果政府采取价格调节措施来增加需求，那么在企业不能自主经营、自负盈亏时还可能产生如下的结果，即某些企业不仅利用降低了的价格来增加购买量，而且把所增购的商品用于增产本来已经积压、滞销的商品，结果，需求即使增加了，但不该增加的供给也增加了，商品需求缺口不仅没有缩小，反而还有可能继续扩大，这又是与政府预定的意图相违的。

5. 假定政府用降低利息率的办法来刺激需求，以便缩小商品需求缺口，但由于银行和企业缺乏应有的运行机制，降低利息率的结果有可能使得供给的增长不低于需求的增长；反之，假定政府用提高利息率的办法来抑制供给，以便缩小商品需求缺口，同样由于银行和企业缺乏应有的运行机制，提高利息率的结果有可能使得供给基本不变，或只是稍有下降。因此，在银行和企业都缺乏应有的运行机制的条件下，利息率调整在缩小商品需求缺口方面的作用难以符合政府的预定意图。

以上这些充分说明了在经济非均衡状态中，政府旨在缓和需求缺口的价格调节也可能产生逆效应，只要我们了解了当前我国的国情，也就不会迷信价格调节在缓和需求缺口的作用了。

四、价格双轨制的背后：配额调节可能带来的问题

在存在着商品供给缺口较大的经济非均衡状态中，政府不可能寄希望于价格的放开。关于这一点，前面已经作了说明。这样，在从传统的产品经济体制向新的商品经济体制过渡的过程中，价格双轨制在较长的一段时间内将继续被保持，这是一种次优的选择。价格双轨制之下，经济生活中必然会产生各种摩擦，并且还会导致各种不合理的经济行为，这是可以预料的。在这里，我们想论述的只是这样两点：第一，如果说经济中既不可能立刻实行价格的放开和过渡到市场的单一定价制，又不可能返回传统的产品经济体制，即返回到计划的单一定价制，那么价格双轨制是我们在现阶段惟一可能作出的选择。两害之间取其轻。现阶段就立即实行市场的单一定价制或返回传统的计划单一定价制，都是非常有害的。这样做的弊端要大于双轨价格制的弊端。因此，目前宁肯保持这种不合理的双轨价格制，这也比取消双轨价格制好一些。第二，双轨价格制无疑会带来种种弊端，而在这些弊端中，最令人注目的弊端就是有人利用两种价格之差进行倒买倒卖活动，从中牟取巨额利润，这既损害消费者利益，又使国家受到损失。但应当指出，两种价格之差的存在与双轨价格制是不可分的。没有两种价格之差，也就没有双轨价格制了。问题不在于两种价格之差的存在，而在于究竟是谁利用两种价格之差来牟取巨额利润，他们是怎样利用两种价格之差来牟取私利的。实际上，双轨价格制实际中的不少问题，恰恰反映了传统经济体制的根本缺陷。只要深入到价格双轨制的背后去探究，就不难发现问题的实质所在。

关于上述第一点，基本上已经没有可争辩的了。现阶

段就放开价格和取消双轨价格制，只能引起社会经济动荡，而不可能有其他结果。目前不能在实际经济生活中作出这样轻率的决策。至于返回传统的计划单一定价制，那是根本不可行的，也是做不到的。如果那样做，经济就萎缩了，僵化了。

而上述第二点，则有进一步展开讨论的必要。市场的单一定价制，只有在供求基本上接近的情况下才有可能实现。在供给缺口较大的情况下，即使取消了双轨价格制，转入市场的单一定价制，但实际上，经济中也不会只存在一种价格，而是依然存在两种价格，这时实际上存在的两种价格不同于双轨价格制之下的两种价格。双轨价格制之下的两种价格是：一是固定价格，即计划价格，另一是非固定价格，即市场价格。放开价格后，供给缺口较大的情况下实际存在的两种价格则是：一是市场的公开价格，另一是市场的非公开价格。为什么这时仍然会出现两种价格？要说明市场价格区分为市场的公开价格与市场的非公开价格存在的原因，就需要对供给缺口较大条件下的配额调节进行分析。要知道，双轨价格制之下两种价格之差所引起的倒买倒卖现象同配额调节问题有关，供给缺口较大情况下取消双轨价格制之后所产生的两种价格以及两种价格之差，同样与配额调节问题有关。

配额调节是数量调节的一种形式。配额调节可以分为市场自发进行的配额调节与政府按照一定的原则进行的配额调节。在双轨价格制之下，先有政府按照一定的原则进行的配额调节，然后，在政府配额调节的基础上，再由市场自发地进行配额调节。靠两种价格之差牟利，正是这样实现的。比如说，某种有色金属是短缺商品，政府按照平均分配原则、或目标原则（优先照顾原则）、或历史上形成的比例分配原则把它们分配给有关企业。不管政府按照什么样的配额原则进行分配，其价格总是低于市场价格的。于是总会有一些企业把自己所分配到的这种短缺商品转卖出去，它们所按照的是市场配额原则，如优先原则（“谁先来，谁先买”的原则）、或垄断原则（由垄断企业决定究竟卖给谁）、或其他原则，其价格总是高于固定价格，即计划价格。只要这种商品供给缺口较大，靠两种价格之差获利的情况是难以避免的。

假定在这种情况下就取消了短缺商品的双轨价格制，那又会发生什么情况呢？应当承认，供给缺口较大的现象不会因此而消失，正如前面已经指出的，供给总量由于受到资源的约束而不会立即增加很多。只要短缺状况继续存在，市场配额原则也就继续起作用。不管市场是按照优先原则（“谁先来，谁先买”的原则）分配短缺商品还是按照垄断原则分配短缺商品，需求者要得到这种商品，除了要付出市场的公开价格以外，还需要付出追加的费用，包括获得信息的费用、达成这笔交易的附加费用等等，这实际上形成了该种商品的非公开价格。不仅如此，只要该种商品仍然是短缺的，当需求者以一定的价格买到它们以后，仍然有机会转卖出去。每经过一次转卖，市场的非公开价格就会上升一次。而市场的非公开价格上升之后，市场的公开价格也会受到影响而相应上升。结果，势必形成了市场非公开价格带动市场公开价格上升的格局。市场公开价格总想追上市场非公开价格，但一旦它起步追赶，市场非公开价格马上又上升了。这种“你追我赶”的后果无疑是市场公开价格和市场非公开价格都在原有水平上不断提高，但市场公开价格与市场非公开价格之差却始终存在。

为什么双轨价格制取消之后短缺商品的市场公开价格与市场非公开价格会相继上升呢？两种价格相继上升的情况怎样才能被制止住呢？这又是一个值得我们研究的问题。

不言而喻，这种不正常的现象与资源的短缺有关，与资源短缺条件下供给的价格弹性较小有关。但问题决不仅限于此。假定准备购买这些短缺商品的需求者是受利益约束、预算约束的，他们的需求必将受到价格上升的制约，价格上升到一定程度就会遇到需求者的抵制。换句话说，需求曲线向右下方倾斜这一情况表明：需求者对价格上升的抵制方式就是减少购买数量，这种抵制将使得价格的上升会遇到一种障碍，最终使价格上升趋势停顿下来。假定需求者是不受利益约束、预算约束的，那么需求曲线的形状将会改变，即不再是向右下方倾斜的，价格上升的趋势也就不会遇到来自需求方面的抵制了。在现阶段我国经济生活中，企业正是这种不受利益约束、预算约束的短缺商品需求者。只要企业仍然处于这样的地位，短缺商品的双轨价格制取消之后，不仅必定出现两种价格（市场的公开价格和市场的非公开价格），而且两种价格都会不断上升（市场公开价格追赶市场非公开价格，市场非公开价格继续上升，不让市场价格追上来）。既然如此，依靠两种价格之差的牟利行为也就不可以从价格问题本身得到解释。

第二节　企业运行机制的改造

一、企业运行机制改造与供求矛盾的缓解

以上的分析不能不使我们得出如下结论：要解决我国现阶段的商品供给缺口较大的问题，必须首先使我国的企业成为自主经营、自负盈亏的商品生产者，使它们具有受利益约束和预算约束的正常的企业运行机制。如果企业运

行机制没有得到应有的改造，单纯寄希望于立即取消价格双轨制，那就只能带来上面所分析的后果。

要缓解供不应求的矛盾，无疑需要增加供给。增加供给，归根到底是在提高生产能力的基础上实现的。供给的增加意味着生产力水平的增长。用增加供给的办法来解决供不应求问题，不仅行之有效，而且具有决定性意义。①

增加供给是需要追加投入的。在供不应求的条件下，如果过多地追加投入或只把追加投入看成是增加供给的途径，那就会增加需求，而需求的增加却是同供不应求条件下要求对需求进行抑制的意图相抵触的。因此，不能把增加供给的希望主要寄托在追加投入之上，而应当在尽可能少追加投入的基础上使供给增加。

怎样才能做到这一点？政府可以采取若干调节措施，包括数量调节措施和价格调节措施，但要知道，在市场不完善和企业缺乏活力的情况下，不仅价格调节措施会受到限制，而且数量调节措施也会受到限制。解决供给不足问题的基本途径在于生产要素的重新组合和发挥企业、职工的积极性，这就涉及企业运行机制的改造问题。

如果企业尚未成为自主经营、自负盈亏的商品生产者，企业的财产关系尚未规范，企业固定资产的归属问题尚未确定，那么重新组合生产要素是十分困难的。企业运行机制的改造是指如何把作为行政机构附属物的企业的运行机制改造成产权明确的、受利益约束和预算约束的企业的运行机制。在改造企业运行机制的过程中，生产要素的重新组合将不断取得进展。这是因为，通过这一改造，将明确企业的财产关系，使企业的固定资产具有确定的所有者、

① 参看厉以宁：《社会主义政治经济学》，商务印书馆，1986年版，第310～312页。

经营者，于是就可以在此基础上推进企业合并，鼓励企业相互参股，加速企业集团的建立，进行优化产业结构、产品结构的各项调整，从而达到在尽可能少追加投入的条件下增加产品和劳务供给的目标。

企业运行机制的改造包含了企业收益分配机制的改造。企业收益分配的机制直接影响着企业自身的积极性和企业职工的积极性。但要使企业收益分配机制转换，则必须依靠企业产权的规范化，依靠企业真正转变为自主经营、自负盈亏的商品生产者。同生产要素重新组合的作用一样，只要企业自身的积极性和企业职工的积极性发挥出来了，企业就有可能在尽可能少追加投入的基础上提供更多的产品和劳务。

由此可见，在政府有一系列措施可供选择，以便增加供给和解决供不应求的矛盾时，如果说阻碍供给缺口缩小的主要障碍在于企业缺乏应有的运行机制，在于企业缺乏必不可少的利益约束和预算约束，那么政府应采取的基本措施决不是价格调节，也不是数量调节，而是企业运行机制的改造，即把企业改造为自主经营、自负盈亏的商品生产者。

再从抑制需求的角度进行分析。

要缓解供不应求的矛盾，增加供给当然是最为重要的，但抑制需求也具有一定的重要意义。抑制需求可以通过政府的价格调节措施和数量调节措施来实现。虽然抑制需求的这些调节措施可以较快地产生一定的结果，但它们毕竟只是治标的办法，它们无非是使需求适应现有的生产力水平，而未能用提高生产力水平的办法来适应现有的需求。加之，抑制需求的后遗症也是必须考虑的。对需求的抑制只能适度而不能过分，否则会给今后的经济带来困难。

这里需要探讨的是：在抑制需求方面，除了政府的价格调节措施和数量调节措施以外，是不是也应当从改造企业运行机制方面着手呢？回答是肯定的。而且应当指出，从改造企业运行机制方面着手来抑制需求，在企业缺乏应有的运行机制和缺乏必要的利益约束、预算约束的场合，不仅要比采取数量—价格调节措施更为有效，而且不会有诸如影响资源的合理利用，挫伤企业和职工的积极性，对供给增长有不利影响等等后遗症。关于这一点，可以从抑制投资需求和抑制消费需求两个不同的角度来分别论述。

要抑制投资需求，基本途径应当是让作为投资主体的企业具有自我制约、自我适应投资环境变化的机制。假定投资主体缺乏这种机制，不管政府采取什么样的数量—价格调节，效果必定不理想。而要让企业作为投资主体具有这种机制，那就必须进行企业运行机制的改造，使企业行为受到利益的约束、预算的约束。这时，企业出于自身利益的考虑，将会自行制止无效益的、低效率的投入。在这个基础上，政府为了抑制投资需求而采取的价格调节措施和数量调节措施，才能通过企业的经济行为的调整而逐渐收效。

要抑制消费需求，政府应采取的基本措施同样是让消费主体具有自我制约、自我适应市场变化的机制。对于企业来说，消费需求的约束是同企业运行机制密切有关的：一方面，企业作为公共消费的主体之一，如果企业不受利益约束和预算约束，那么它的消费需求也就不可能受到约束，通常所说的来自企业的社会集团购买力居高不下的现象，可以由此得到解释；另一方面，企业职工的消费需求同他们的可支配收入有关，而他们的可支配收入归根到底来自他们从企业取得的各种收入，假定不进行企业运行机制方面的改造，那么要想让企业职工的收入受到劳动生产率及其增长率的制约，也是不可能的事情。人们通常议论的企业之间在工资、奖金方面相互攀比现象也可以由此得到解释。

因此，无论从增加供给还是从抑制需求的角度来看，均可以得出这样的论断：在经济非均衡条件下，要缓解供不应求矛盾，基本途径应当是改造企业运行机制，使企业具有利益的约束、预算的约束。这个问题解决了，从供给方面看，通过生产要素重新组合和发挥企业、职工的积极性，可以在尽可能少投入的条件下增加产品和劳务的供给；从需求方面看，通过企业自我制约投资和自我制约消费基金增长的机制的建立，不仅可以有效地抑制需求，而且可以使得这种抑制需求的方式较少地产生后遗症。

二、企业运行机制改造与结构性失衡的缓解

结构性失衡中的关键性商品供给缺口的缓解，可以根据以上所提出的基本思想进行，即通过企业运行机制的改造来增加供给和抑制需求，拟定对策。那么结构性失衡中的关键性商品需求缺口，又将如何缓解呢？是不是也应当把企业运行机制的改造作为抑制供给和扩大需求的基本途径呢？回答同样是肯定的。这就是：假定企业还不是自主经营、自负盈亏的商品生产者，企业的经济行为不受利益的约束、预算的约束，那么即使通过政府的数量调节和价格调节，供给不一定能减少，需求也不一定能扩大，从而商品的需求缺口不一定能缩小。前面在分析经济非均衡条件下商品需求缺口与政府价格调节的逆效应时，实际上已经把改造企业运行机制的必要性说明了。下面，可以进一步从抑制供给和扩大需求两个不同的角度作一些论述。

关键性商品出现了供大于求的情况，有必要抑制供给。怎样才能既导致供给的下降，又不至于影响企业的收入、

政府的收入和职工的收入？单纯采取政府的数量—价格调节措施，即使能够使供给减少，但却无法使得企业、政府和职工的收入不受影响，何况在企业运行机制未得到改造时，这些调节措施还不一定取得成效。因此，在这种情况下，用加速资源的流动、转移的办法来抑制滞销的、过剩的商品的供给，并通过产品结构、产业结构的调整，使短缺商品的生产领域得到资源的供给，这样就可以既导致预定要抑制的那些部门的供给的下降，又导致预定要发展的那些部门的供给的增长，并且企业、政府、职工的收入也不至于受到影响。而要加速资源的流动、转移，则必须明确企业的财产关系，使企业成为自主经营、自负盈亏的商品生产者。这表明企业运行机制的改造对于抑制关键性商品过多的供给的重要意义。

关键性商品出现了供大于求的情况，也有必要扩大对这些商品的需求。怎样才能既导致对这些商品的需求的扩大，而又不至于在结构性失衡条件下使本来已经存在的需求偏大的事实进一步加剧呢？究竟采取什么样的措施才能引导企业去利用这些积压的、滞销的商品呢？看来，一种可行的办法是通过产品结构、产业结构、技术结构的调整，为这些过剩的商品找到销路，并利用这些商品创造出更多的为社会所需要的商品。这就同企业运行机制的改造紧密联系在一起了。如果企业运行机制得到了改造，企业的经济行为有了利益的约束、预算的约束，以及企业有了投资机会的选择权和经营活动的自主权，它们就可以根据自己的利益，或者自行改造技术结构，或者同其他企业合并、联营，利用社会上滞销的商品来开发新商品。企业的这种积极性来自企业运行机制的改造，企业扩大对滞销商品的购买的可能性也来自企业运行机制的改造。

当然，当我们强调企业运行机制的改造对于缓解非均衡条件下供大于求或供不应求的决定性作用时，并不否认政府根据每个具体时期的具体情况采取数量调节措施和价格调节措施的意义。我们想说明的始终是这样一个道理：企业运行机制的改造是各种数量调节措施和价格调节措施得以发挥作用的前提。只要企业仍然处于行政机构附属物的位置上，企业仍然缺乏利益约束和预算约束，在面临供求缺口时，政府的数量—价格调节怎么能取得理想的效果呢？

三、价格改革的渐进性

价格双轨制是从旧经济体制向新经济体制转变过程中的一种价格制度。价格双轨制向单一的市场定价制的过渡，是建立新的商品经济体制的重要条件。单一的市场定价制就是指价格全面放开，政府不直接定价，价格由市场供求力量自发地决定，政府采取间接调控的方式来影响市场上价格的形成。

从以上的分析可以了解到，价格双轨制的存在与商品供给缺口与商品需求缺口的存在有关，尤其是与商品供给缺口的存在有关。前面还分析到，商品供给缺口之所以会旷日持久，物价上涨趋势之所以不易被遏制，不仅取决于市场不完善，而且更重要的是与企业不能自主经营、自负盈亏有关。此外，前面也曾指出，要避免商品短缺、资源短缺条件下出现经济状况的恶化和抑制物价的不断上涨，就需要由政府采取调节措施，实行配额均衡。这样，我们就可以清楚地看到，由价格双轨制过渡到单一市场定价制并不是简单地放开价格就能够实现的。这一过渡取决于三个基本条件：

第一，商品供给缺口是否有所缩小？

第二，企业是否自主经营、自负盈亏，是否受利益的约束与预算的约束？

第三，在价格双轨制存在的时期，政府通过各种调节措施，是否有效地实现了事后的均衡，即配额均衡，从而抑制了物价上涨的势头，使物价上涨率有所下降？

这三个条件是缺一不可的。假定只有其中两个条件而缺少另一个条件，那就表明双轨价格向单一市场价格的过渡的前提尚未成熟。在前提未成熟时就仓促地全面放开价格，必然导致经济的动荡。从效果上看。这样做反而延误了价格放开的时间，使价格双轨制不得不继续维持下来。

要知道，既然双轨价格作为一个配额均衡的措施是在商品供给缺口存在的条件下产生的，因此要取消这种不符合市场原则的双轨价格，就必须使商品供给缺口缩小。假定商品供求平衡了，商品供给缺口不存在了，那么当然就不再需要双轨价格了。但要实现商品供求的平衡，无论是总量上的平衡还是结构上的平衡，都不是一件容易的事情。我们不可能设想等到某一天商品供求平衡了再来实现由价格双轨制向单一市场定价制的过渡。这是不现实的。那么我们可能做的是什么呢？这就是：在总量上，使商品的供给与需求逐渐接近，商品供给缺口逐渐缩小；在结构上，按不同种类的商品区别对待。某些商品的供求缺口缩小后，已经接近于基本平衡的状态，那就表明这些商品的双轨价格可以取消；如果某些商品的供给缺口仍相当大，那就表明取消双轨价格的条件尚未成熟，双轨价格应当继续保留一段时间。总之，按照商品的类别，条件成熟后，价格就放开，成熟一批，放开一批；条件不成熟的，就暂缓一缓。这样，就可以实现由价格双轨制向单一市场定价制的逐步过渡。

但无论商品供求缺口有多大，也不管有哪些商品已符合放开价格的要求，还有哪些商品不符合放开价格的要求，企业改革的深化对于价格双轨制的取消来说都是不能缺少的。正如前面已经一再提出的，企业的自主经营和自负盈亏将有助于企业利用市场的价格信号来调整自己的生产和经营活动，使得价格放开以后企业能够适应新的经济形势。但这并不意味着在商品供给缺口较大时，只要企业自主经营和自负盈亏了，就可以取消双轨价格。这是因为在商品供给缺口较大时，价格的上涨是不可避免的。如果企业不能自主经营和自负盈亏，那么价格的上涨趋势很难被抑制住；而企业的自主经营和自负盈亏则所以使这种价格上涨趋势受到某种抑制，并且会导致企业设法增加供给和减少需求，以缓和供给缺口。然而价格上涨的势头究竟能否被遏制，还要取决于商品供给缺口的大小以及资源的约束程度。这就表明，企业的自主经营和自负盈亏是取消价格双轨制的必不可少的条件，但不是惟一的条件。

再考察一下前面提到的第三个条件，即政府采取调节措施在抑制物价上涨率方面所取得的成效。现在假定企业通过改革而成为自主经营和自负盈亏的独立商品生产者了，并且商品供给的缺口也已经有所缩小，但由于结构方面的原因，物价并没有被稳定住，而政府采取的调节措施在抑制物价上涨率方面的成效不大，那么这时仍然不可以着手放开物价。这主要是由于社会心理对价格放开的承受力不大和财政对价格放开的承受力也不大。既然物价没有被稳定住，放开物价就等于给群众一种新的不稳定感，这将诱使群众增购商品，甚至提取存款来囤积商品。既然物价没有被稳定住，政府已经采取的紧缩措施还没有取得应有的效果，那么这时放开物价就会使政府的措施自相矛盾，使政府处于左右为难的境地，而物价的放开不仅会使政府的紧缩措施的继续推行遇到困难，并且还会使财政无法应付物价放开之后政府支出增加的新形势。

由此可见，上述三个基本条件对于从价格双轨制向单一市场定价制的过渡而言，都是必要的。只要我们懂得了这些，那就很自然地会理解以下四个问题：

1. 在我国，由价格双轨制向单一市场定价制的过渡只能是“小步走”，即分步骤地逐渐放开价格。那种主张“一步到位”、“价格改革迈大步”的方案，不切实际，有害无益。

2. 在我国，由价格双轨制向单一市场定价制的过渡只能随着企业改革的进展而相应地进行。企业改革的进度决定着价格改革的进度。那种主张在价格改革方面先来一个“突破”，然后带动其他各种改革（包括企业改革）的方案，只会使经济陷入混乱而无助于整个改革事业的推进。

3. 在我国，由价格双轨制向单一市场定价制的过渡只能在物价上涨的势头被抑制和物价出现下降的趋势时才有可能实现。那种不顾客观经济形势，认为可以置社会心理承受力与财政承受力于不顾的方案，不仅会导致价格改革失败，而且会导致整个改革失败。

4. 在我国，根据现阶段的实际状况，政府应当继续保持价格双轨制，实行短缺商品的配额均衡。价格双轨制与商品配额均衡可能给经济带来一些不利，但与目前放开价格所造成的不利相比，无疑小得多。

每一个既研究经济理论、又研究经济改革实际的人都知道，经济改革中的最优选择实际上是不存在的。这种最优选择仅仅存在于理论家的头脑里。在经济改革实践中，所存在的只是次优的选择，也就是具有现实意义的、可行的改革方案。也许，“价格改革先行”可以从理论上说得通。如果我国经济处于第一类非均衡状态中，对这一点，我毫不感到怀疑。我所感到怀疑的是这种“价格改革先行”

方案在第二类非均衡条件下的可操作性。试问，在企业尚未成为自主经营和自负盈亏的独立商品生产者的时候，就把价格双轨制改为单一市场定价制，那么企业改革又怎么可能进行下去？企业改革不就停止了吗？可见，我们还是应当从现实出发，宁肯作出“先着手缩小供给缺口，着手企业改革，着手降低物价上涨率”的次优选择，而不要迷恋那种可能“论证”得很动听的“价格改革先行”方案。

第七章

产业结构调整

第一节　产业结构调整的国内资金来源

一、非均衡条件下的资金缺口与资金潜力

从我国经济目前所处的非均衡状态来看，尽管资金缺口的存在是十分明显的，但与此同时，国内资金潜力也不可忽视。资金缺口与资金潜力的并存，是目前我国资金问题的特点之一。

资金缺口是指资金供给的不足。在经济发展过程中，资金需求量一直很大，而资金的供给总是有限的。有限的资金总是不可能满足社会对资金的需求，资金价格呈现上升的趋势。但由于资金供给的利息弹性不大，资金需求的利息弹性也不大，所以单纯依靠利息率的上升并不能增加资金的供给和抑制对资金的需求。资金缺口不可避免地继续存在着。这种情况迫使金融当局把调节资金供求的政策重点放在信贷规模的调整方面，即放在对资金市场的数量

调节上，指望用资金的配额来适应资金供不应求的现状，至于利息率的调整则被看成是辅助性的手段。近年来，我国金融当局所采取的正是这种以数量调节为主、价格调节为辅的调节措施。应当认为，这一做法大体上是符合目前我国经济这样的非均衡状态的。

但值得注意的是，在资金缺口存在的同时，资金潜力同样存在，而且对资金潜力的大小不应低估。资金潜力是指潜藏在经济内部的、有可能被发掘出来而至今尚未被发掘出来的资金。这些潜在的资金或者表现为闲置的货币，或者以非货币资源的形式存在着。具体地说，它们有以下五种形式：

第一，最常见的是居民手头保留的现金。居民的可支配收入中，除去用于消费支出的部分和进入各类金融机构的部分以外，剩下的就是手头持有的现金。这些手头持有的现金远远超出了居民日常备用的现金余额。为什么它们会存在？这正是居民的消费意愿未能实现和国内缺乏除现金、银行存款、债券等少数资产形式以外的其他多种资产形式所造成的。换句话说，居民所需要的消费品供给不足和居民个人投资机会的不足导致了资金潜力的存在。

第二，个体户、私营户手头保留的现金。个体户、私营户是经营者，他们手头保留的现金的性质与居民手头保留的现金的性质不同，他们主要是对扩大生产经营规模和再投资有疑虑，因此不愿继续把货币投入生产领域。这些未被继续投入生产领域的资金有可能转入消费领域，成为挥霍性的、炫耀性的消费支出，但也有可能被个体户、私营户保留在手中，暂时不作安排，待机而动用。

第三，企业的超正常现金和物资储备。这是指：企业保留了超出正常需要的备用现金，以及企业购置了超出正常储备额的原材料、燃料、零部件等等。在商品供给缺口和资金供给缺口存在的条件下，企业之所以会保持超正常的现金和物资储备，无非是一种预防性措施：或者是害怕供给的中断，或者是害怕价格的继续上涨。但无论是企业超正常的现金储备还是物资储备，都是对资金的不合理的占用，从而都加剧了社会的资金供给不足。假定能让企业把现金和物资储备保持在正常水平线以下，那就等于减少了对资金的需求，增加了资金的供给。除企业以外，个体户、私营户也有类似的超正常储备情况。居民储存过量的消费品（其目的也是为了防止供给中断和防止物价上升），同样意味着资金的不合理使用。

第四，社会资金的利用效率偏低。如果社会的资金供给总量为既定额，那么资金利用效率低的资金投入越多，资金供给就越不足。此外，如果社会的资金周转速度缓慢，那么资金供给也会显得紧张。这表明，在资金供给总量为既定额的条件下，资金利用效率的偏低和资金周转速度的缓慢都表明资金潜力的存在，表明只要提高资金利用效率，把利用效率偏低的资金转投于资金利用效率较高的领域，以及加快资金周转速度，就可以缓解资金的缺口，缩小资金供求的矛盾。

第五，潜在的资金还可能以非货币的形式存在着。例如，劳动力的闲置或生产设备的闲置，就意味着非货币形式的资金潜力的存在。只要把闲置的劳动力、闲置的生产设备利用起来，就可以增加收入，而在所增加的收入中，就有一定的份额作为储蓄，并相应地转化为投资。这样，潜在的非货币形式的资金就成为现实的货币形式的资金了。资金的增加将有助于缓和资金供给与资金需求之间的矛盾。

以上五个方面说明了这样一个问题：在当前我国的经济非均衡条件下，我们要注意到资金的缺口的存在，但也不要忽略国内的资金供给仍然具有潜力。无论是经济的增长还是产业结构的调整，都需要投入较多的资金。如果我们只看到资金的缺口而看不到资金的潜力，那么就可能对国内的资金供求形势作出偏于悲观的估计。

二、发掘国内资金潜力的主要途径

正确地认识资金缺口与资金潜力的并存，有助于我们制定科学的产业结构调整的政策。

怎样才能发掘国内的资金潜力？可以根据上述五种不同的情况设计具体的措施。简要地说，可供选择的措施如下：

第一，为了提高居民的储蓄率和尽量减少他们手头保留的现金数额，应当增加居民个人的投资机会，特别是应利用股票集资的方式把它们动员出来。

第二，为了扩大个体户、私营户的再投资的积极性，使他们手头少保留现金，或者使他们把本来准备用于挥霍性的、炫耀性的消费支出转用于生产资金，应当制定适当的政策，使个体户、私营户对投资前景和财产权有信心。

第三，为了使企业不再保留超正常的现金储备和物资储备，使企业合理地使用自己的资金，应当设法消除企业对于供给中断和价格继续上涨的顾虑。为此，应当采取措施增加原材料、燃料、零部件的供给，并发展期货贸易，减少价格上涨对于企业正常经济活动的干扰。这样就等于减少了企业对资金的需求。

第四，为了提高社会资金的利用效率以及加快资金周转速度，节约社会对资金的使用，应当合理调整资金的使用方向，调整投资结构，把利用效率偏低的资金转投于利用效率较高的生产领域。同时，应当采取各种措施来加快资金周转速度，如改进技术，缩短产品生产周期；组织均衡生产；加速制成品的发送和运输；及时收回销货款等等。

第五，为了充分利用闲置的劳动力和生产设备，增加收入和增加储蓄，应当采取各种措施来促进生产要素的流动，便于生产要素的重新组合。这些都有利于把潜在的非货币形式的资金转化为现实的货币形式的资金。

由此可见，只要措施得当，潜在的资金是可以被发掘出来的。可以把以上提到的五个方面应当采取的措施概括为以下两点，这就是：一方面要推进经济改革，靠经济改革把资金潜力发挥出来；另一方面要依靠各个有关的调整产品结构、产业结构、地区经济结构、消费结构和技术结构的措施，既提高资金的利用效率，又减少对资金的不合理使用。

这里所说的经济改革，范围是广泛的。在金融改革方面，应当把重点放在容许多种金融机构的建立和商业银行的企业化之上。多种金融机构的建立，有利于广泛吸收社会闲置资金，增加储蓄并使之转化为投资。商业银行的企业化，不仅可以大大提高资金的利用效率，减少不合理的资金投入，而且可以调动银行的积极性，促进银行对社会闲置资金的吸收和利用。此外，金融改革的进展将加速资金市场的发展与完善化，在资金市场发展与完善化的基础上，利息率将逐步放开，以适应资金市场的供求变化。

在企业体制改革方面，对发掘资金潜力最为重要的改革措施是使企业成为自主经营、自负盈亏的商品生产者，并使其中适宜于实现股份制的企业实现股份制。企业的自主经营和自负盈亏，有利于企业节约资金的使用和避免不合理的资金投入，从而提高资金利用效率。股份制的推广，不仅可以通过股票形式吸收社会闲置资金，把它们用于生产，而且可以促进企业的合并、联营，有助于生产要素的重新组合和把社会资金导向对发展经济有利的生产领域。这些对于挖掘资金潜力都是必不可少的措施。

社会保障制度的改革同样有助于挖掘资金潜力。这一改革的主要目的在于把过去单纯依赖国家的社会保障制度改造为主要依靠居民自身的社会保障制度，即由居民积蓄、企业缴纳、国家津贴三者合一而形成的社会保障制度。通过这一改革而建立的养老基金会、各种社会保障和福利事业的基金会等等，将拥有大量资金，它们可以被使用于社会需要的领域，以缓和社会资金供给的不足。

投资体制的改革在动员社会闲置资金和有效地利用资金方面的积极意义是不可低估的。应当做到这样一点，即建立和完善固定资金投资基金制，根据资金状况安排投资，国家财政提供的资金在基金中起到酵母作用，依靠它们作为社会集资的利息，以吸收更多的社会资金；同时，政府机构不再过问具体的经营性投资项目，经营性投资项目由企业化的投资公司管理，这些投资公司既是投资者，又是未来的经营者，在项目建成以后，投资公司可以有偿转让它们，或租赁出去，或承包出去，也可以增发股票，吸引社会资金，使之成为一个子公司。这些措施将有力地促进投资资金的合理利用和回收。

以上的一系列经济改革措施就是当前我国在资金供给不足条件下解决资金供求矛盾的基本途径。

下面，再就调整产品结构、产业结构、地区经济结构、消费结构和技术结构方面的措施，对发掘资金潜力问题进行一些论述。

三、结构调整与资金利用效率的提高

这个问题仍应从第二类非均衡谈起。

如果市场不完善而企业又缺乏活力，那么结构调整（不仅是产品结构、产业结构的调整，而且包括地区经济结构、消费结构、技术结构的调整）肯定是困难的，要想通过结构调整来挖掘资金潜力的意图也难免落空。正是从这个意义上说，推进经济改革，用经济改革来促进结构调整，是当前我国发掘资金潜力的基本途径。关于这一点，前面已经作了分析。

毫无疑问，如果经济改革进展顺利，金融体制、企业体制、社会保障体制、投资体制等等都有了实质性的变化，市场也将随之而逐渐趋向完善，在这种情况下，结构调整将会大大加速，通过结构调整而提高资金利用效率的格局也会出现。问题是：如果经济改革仍在继续进行之中，实质性的变化尚未发生，市场仍然是不完善的，那么是不是就不可能进行较重要的结构调整呢？通过结构调整而提高资金利用效率的愿望是不是就毫无实现之可能呢？情况未必如此。我们不能等待经济改革成功之后再来进行结构调整，如果那样做，就会丧失时间。同样的道理，我们不能等待条件成熟之后再通过结构调整来提高资金利用效率，否则资金供给的紧张将一直困扰着我们。正确的对策应当是，把经济改革与结构调整结合起来，使之相互促进，在经济改革与结构调整并进的过程中发掘国内资金潜力，提高资金利用效率，缓和资金供求矛盾。

在这种情况下，结构调整的一个可行的措施是政府采取数量调节，主要是以信贷数量调节和稀缺生产资料的配额调节为主的数量调节，以便增加资金的供给和减少对资金的不合理使用。这并不意味着政府采取的数量调节是促进结构调整的最佳选择，但至少是现实条件下的一种可行的选择。

信贷数量调节主要是指政府根据自己的目标，在控制信贷总量的前提下改变信贷的数量结构，使产品结构、产业结构、地区经济结构、消费结构和技术结构发生变化。通过这种信贷数量结构的调整，经济效益差、资金利用效率低的企业和部门将得不到信贷的支持，资金将投入经济效益高、资金利用效率高的企业和部门。同时，信贷数量结构的调整还将使地区之间的经济发展得到调整，使居民的消费结构发生变化，以及促进技术结构与国民经济的协调。所有这些，都有助于使政府预定的结构调整意图逐步实现。尽管信贷数量调节并不触及企业或银行体制方面的实质性问题，但在经济改革继续进行的过程中，在投资的利息弹性较小，资金市场上供给缺口较大，从而不可能迅速实现利息率自由浮动的条件下，信贷数量调节仍然是有效的、可行的。

稀缺生产资料的配额调节可以按照目标原则来确定。这是指：为了促进那些有利于缓和供给缺口的部门的增长，为了更好地利用闲置的劳动力和生产资料，以及为了限制资金利用效率低的企业的发展，政府可以按一定的配额来分配稀缺的生产资料（如电力、有色金属、某些化工原料等）。稀缺生产资料的配额调节不仅对产品结构、产业结构的调整起作用，而且也可以直接地或间接地加速地区经济结构、消费结构和技术结构的调整。尽管稀缺生产资料的配额调节并不触及经济体制方面的实质性问题，甚至在一定程度上会削弱市场机制的作用，对企业间的竞争发生消极的影响，但根据当前我国经济的实际情况，看来这种做法在缓和资金供给不足中的作用仍然不可忽视。要知道，数量调节手段（包括稀缺生产资料的配额调节）在供求矛盾较大时，其作用要胜过价格调节手段，这一点正是非均衡经济的特征之一。何况，现在所要解决的主要任务是发掘资金潜力和增加国内的资金来源。为此，就必须压缩某些资金利用效率低的企业和部门的投资，使另一些资金利用效率较高的企业和部门能有较大的发展。在通过结构调整而实现这一任务的过程中，数量调节也可以发挥比价格调节更显著的作用。数量调节所带来的某些消极后果（如挫伤一些企业的积极性，使某些企业和部门因此而陷于困难地位等等），只能被看成是为了调整结构和缓和资金供给不足而不得不付出的代价。只要利大于弊，就是可行的。

从政府的角度来看，无论是信贷数量调节还是稀缺生产资料的配额调节，既然都可能带来弊端，那么就有必要尽量地减少这些弊端。政府在这方面可以采取的做法有：

1. 较科学地制定结构调整目标和结构调整方案，使信贷数量调节和稀缺生产资料配额调节有较充足的依据，减少盲目性；

2. 在结构调整目标和结构调整方案制定以后，信贷数量调节和稀缺生产资料配额调节的执行部门应当严格按照政府的规定来实行，禁止在数量调节的名义下以权谋私；

3. 二元信贷制度和某些生产资料的二元分配制度的实施可以在一定程度上减少数量调节带来的弊端。二元信贷制度是指：除了采取信贷数量调节以外，还容许市场的信贷业务的存在，后者的存款和贷款利率随行就市，政府可以只规定最高利率作为上浮的限界。在二元信贷制度之下，政府应当严禁通过信贷数量调节而贷给企业的资金转流入市场借贷业务之中，否则将会滋生各种新的弊端。某些生产资料的二元分配制度是指：除了少数极其稀缺而且至关重要的生产资料完全由政府实行配额调节以外，有些稀缺程度不等的生产资料，可以一部分实行配额调节，另一部分则通过生产资料市场进行公开议价交易，其价格随行就市，政府可以规定最高限价，也可以不作这种规定。至于配额调节所占的比例大小，则因该种生产资料的稀缺程度而定。

四、国内资金动员过程中产业结构调整与经济增长之间的关系

经济增长需要追加资金投入，产业结构调整也需要追加资金投入。在国内资金供给有限的条件下，一定量的追加资金投入，用于经济增长的比例大了，可以用于产业结构调整的比例就小一些，这种追加资金分配的矛盾是客观存在的。当然，如果能够在资金供给不足的同时尽可能发掘国内资金潜力，资金供给紧张的问题可以有所缓和，但被动员出来的资金同样会遇到如何在经济增长与产业结构调整两个不同的方面进行分配的问题。这样，仍然会面临这一方面的追加资金投入偏多，则另一方面的追加资金投入偏少的选择。

经济增长与产业结构调整是不能偏废的。我们不可能只强调其中一个方面。这是因为，如果只有经济增长，而没有产业结构调整，那么在现有产业结构之下的经济增长将会遇到越来越大的困难，经济增长过程中就会发生生产要素供给不足和需求不足并存的问题，从而经济增长率将下降，结构性失衡不可避免地会出现。反之，如果只顾调整产业结构，而忽视经济增长，那么产业结构的调整不可能是顺利的，而造成产业结构调整的困难的原因之一就是：经济增长率下降将导致一部分生产要素的闲置，导致企业收入、居民收入、财政收入的减少，这样就会阻碍产业结构按照政府的预定目标进行调整。

因此，可供选择的做法将是经济增长与产业结构调整的兼顾，力争做到在经济增长过程中调整产业结构，用产业结构的调整来维持经济的持续增长。具体地说，

在经济增长过程中调整产业结构是指：基本上维持与过去相近的经济增长率，增加新产业部门的产出，减少传统产业部门的产出在总产出中的比例（传统产业部门的产出的绝对值可能不变，也可能有所增加或有所下降）；用产业结构的调整来维持经济的持续增长是指：在传统产业部门的产出在总产出中的比例逐渐降低的同时，经济增长率将主要依靠新产业部门的产出绝对值的增加及其在总产出中的比例的上升来支持。由此可见，经济增长与产业结构的兼顾涉及生产要素的流动和重新组合，涉及一定资金在部门间的再分配，以及涉及社会的消费、储蓄和投资的引导等问题。

这里需要着重探讨的，是经济增长、产业结构调整与动员国内资金之间的关系。假定政府采用的是自愿储蓄方式来动员国内资金，比如说，政府用利息率的调整和投资税收的优惠等方式来促使人们把收入的较多部分转为储蓄和投资，那么被发掘出来的国内资金究竟如何在新产业部门和传统产业部门之间进行分配，在很大程度上可以依靠差别利息率和差别投资税收优惠来实现。在制定这些差别的利息率和投资税收优惠时，政府可以根据产业结构的现状和目标模式，以及经济增长的可能性和过去已经达到的水平来统筹安排。总之，以自愿储蓄的方式来动员国内资金，并妥善地在部门之间进行分配，阻力是比较小的。如果说在这方面仍然存在着阻力的话，那么阻力既来自传统的消费观念和储蓄观念（即人们是否受利息率和投资税收优惠的吸引，改变消费习惯和储蓄习惯，提高储蓄率，增强投资意愿），也来自金融部门的融资能力（即金融部门有没有足够的力量，能够有效地、合理地把社会闲置资金发掘出来，并把它们主要用于支持新产业部门的发展上）。

假定政府采取的是强迫储蓄方式来动员国内资金，比如说，政府用类似摊派性质的政府债券推销方式，提高直接税和间接税税率的方式，提高某些消费品价格的方式，或降低企业的现金持有定额的方式等等来发掘国内资金潜力，以便把筹集到的追加资金用于发展新产业部门，那么将会发生这样两方面的后果：一方面，政府可以较快地集中一定数额的货币于手中，然后按照自己预定的目标，分配这些资金于不同的领域和不同的部门；另一方面，由于这种资金集中方式是对居民消费行为的强制性的变更，以及对企业经济活动和企业收入分配方式的强制性的干预，因此它可能挫伤居民和企业的积极性，影响经济增长率；它也可能使企业的发展受到干扰，对经济增长也有消极的影响。因此，在动员国内资金的过程中，政府不是绝对不可以采取强迫储蓄以集中资金的做法，而是说这种做法必须适度，否则就难以兼顾经济增长与产业结构调整这两个方面。

但应当认识到，无论是自愿储蓄还是强迫储蓄，只要有利于在经济增长的同时不断调整产业结构，有利于通过产业结构的调整来维持经济的持续增长，那么它们都是可行的。作为经济调节者，政府有必要根据每个时期的特定条件，使自愿储蓄与强迫储蓄两种方式配合使用，自愿储蓄在进一步调动居民和企业的积极性方面是有较大作用的，而强迫储蓄只要运用得当，比例适度，就能够较快地使政府集中一笔既可以用于促进经济增长，又可以用于调整产业结构的资金。从我国当前的实际情况出发，配合使用自愿储蓄和强迫储蓄以兼顾经济增长与产业结构的调整，正是我们需要深入研究的重要课题。

第二节　产业结构调整和企业行为的长期化

一、企业行为短期化的主要原因及其对产业结构调整的阻碍

我们知道，企业行为是由企业的投入、产出和收入分配行为所组成的。企业行为是否仅仅着重近期利益，与企业通过自己的投入、产出和收入分配所获得的利益有关。如果企业认为自己获得利益的前景是不确定的，那么它就不可能在投入、产出和收入分配上有长期考虑，而把自己所追求的限于近期利益之上，企业行为的短期化便由此产生。以传统经济体制下的企业来说，那时，企业只不过是行政机构的附属物，上级主管部门的利益代替了企业自身的利益；企业领导人只不过是上级主管部门派遣下来的官员，他们一切听命于上级主管部门；企业的投入、产出和收入分配全都不是由企业自身决定的，投入、产出和收入分配的利益与企业自身没有直接的关系。这样，传统经济体制之下的企业行为，很难说究竟是长期化的还是短期化的，甚至可以说客观上不存在类似的问题。理由是：上级主管部门有长期的考虑和安排，企业就可能有长期的投入、产出、投入分配行为；上级主管部门只有短期的打算，企业的投入、产出、收入分配的决策就肯定是短期化的。这时的企业还算不上真正意义上的企业。

在经济体制改革过程中推行企业承包制以后，企业在承包期内开始有了自己的投入决策、产出决策和收入分配

决策。但这些决策明显地反映了企业行为的短期化倾向。例如，企业承包者不愿追加有长期收益的投资，特别是近期内只有投入，长期内才有产出的投资；企业承包者对现有的企业固定资产的保养不关心，而总是力求在承包期间尽量利用它们，耗尽它们，企业承包者在企业收入分配方面，忽视再投资，而尽可能地满足企业职工增加现期收入的要求等等，——这些全部是企业行为短期化的表现。承包制本身的性质决定了企业行为的短期化是难以避免的。当然，通过若干完善承包制的措施（例如把单一的税利指标改变为综合性的指标，作为企业考绩的根据；根据企业的经营状况，适当延长原承包者的承包期，或对原承包者的下一期承包作优先考虑；对原承包者在本承包期内进行的有长期效益的投资项目予以作价补偿，或容许原承包者今后能分享一部分利益），可以克服一些承包制企业的行为短期化所造成的弊端，但仍然不可能使企业行为的短期化倾向不再存在。这正是承包制的难以克服的缺陷。

不难理解，企业行为的短期化对经济发展是十分不利的。这种不利性既反映了经济效益不可能持续提高，甚至还可能不断下降；又反映了企业投资规模受限制，即在短期化的企业收入分配决策中，企业的投资率不仅不易维持原有的水平，而且必然呈现降低的趋势。要知道，经济增长率取决于投资率和投资效果这样两个基本因素。要维持一定的经济增长率，不仅需要有一定的投资率，而且投资应当具有较好的效果。而在企业行为短期化的条件下，经济效益的低下和投资率的下降趋势决定了经济增长的后劲的不足。这是令人忧虑的。

在这种形势下，产业结构调整的困难也就可想而知了。从企业的角度来看，由于承包制企业只注重近期利益，它不可能把注意力放在新产业部门的发展方面，它也没有足够的资金可以用于新产业部门的发展。加之，在承包制之下，生产要素的流动是受阻碍的，生产要素在社会范围内的优化组合也受到限制。这些都表明：即使承包者懂得调整产业结构的重要性，懂得企业投资于新产业部门对国民经济和对企业本身都是有利的，他们也是心有余而力不足，无法使企业的投入、产出和收入分配决策适应产业结构调整的需要；再从宏观经济的角度来看，由于宏观经济以微观经济为基础，而在微观经济单位的行为短期化的影响下，经济效益难以提高，甚至还出现下降的趋势，所以政府用以调整产业结构的资金显然是不足的。产业结构的调整有赖于财政的支持。在企业没有能力来改变产业结构现状时，财政的支持格外重要。然而，政府掌握的资金的不足限制了政府预定的调整产业结构的意图的实现。

当然，在我国当前的经济环境中，产业结构调整的困难的原因决不仅仅在于企业行为的短期化。市场不完善、生产要素流动的受阻扰、商品比价的不合理、若干关键性生产资料的短缺，以及适合于新产业部门要求的技术力量的不足，都加剧了产业结构调整的难度。但不管怎样，企业行为的短期化毕竟是不可忽视的一个重要原因。不仅如此，上述的其他一些阻碍着产业结构调整的原因也与企业行为短期化联系在一起。比如说，市场不完善和商品比价不合理，必然使承包制企业只顾近期利益，而承包制企业的行为短期化又使得市场难以趋于完善，使不合理的商品比价不可能从供给增长的角度来扭转。又如，生产要素流动的受阻扰、若干关键性生产资料的短缺，以及技术力量的不足是同承包制企业的行为短期化交叉影响的。不能设想一个只顾近期利益的承包制企业会投入许多资金去增加有长期利益的重大投资项目和培养技术力量。它们是不会这样做的。

二、投资者的利益对企业短期行为的内在约束

在这里，我们需要弄清楚的一个理论问题是：难道企业行为的短期化就不受企业运行机制的约束吗？为什么承包制企业避免不了企业行为的短期化，而股份制企业却必定兼顾长期利益和近期利益？应当明确地指出：在承包制企业中，投资者的利益约束实际上是不起作用的。如果说发包的一方代表投资者的利益的话，那么发包方的利益仅仅体现于竞争性的招标承包阶段，即发包方可以选择最符合自己利益的投标人作为承包者，而在承包开始以后，投资者的利益约束就难以对企业的短期行为进行约束了。何况，在产权关系不规范和政企尚未分开的情况下，承包方本身还不是自主经营、自负盈亏的经济实体，而往往是上级主管部门，即行政机构的附属物，因此，即使在发包过程中，投资者的利益约束也不可能真正得到发挥。

股份制企业的情况与此截然不同。这里所说的股份制企业是指在公有制基础上建立的规范化的股份制企业而言。投资者（包括中央投资者、地方投资者、公有制企业投资者等）的利益约束充分体现出来。这是因为，每个投资者的心目中都存在着对股份制企业投资的两种收入，一是股息、红利收入；二是股票本身的增值。这两种收入中，第二种收入可能比第一种收入更加重要，有更大的吸引力。假定投资者有较多的可供选择的投资机会时，他一定会把不同股份制企业的第一种收入和第二种收入拿来比较。如果某个企业的股息和红利率虽然高一些，但股票本身却难以增值，另一个企业的股息和红利率虽然稍低，但股票本身增值的前景是确定的，那么这个投资者多半会选择后一个企业，购买它的股票。投资者会这样想：如果单纯为了

取得股息、红利而不考虑股票本身的增值，那又何必非买股票不可呢？买债券或存银行，既有利息收入，又不至于像买股票那样要承担一定的风险，岂不更稳妥吗？正是这种投资心理以及由此决定的投资者的选择，使得规范化的股份制企业必须对自己的长期发展战略和长期经营方针进行较周密的考虑。

在这种情况下，股份制企业必须重视资金积累，重视再投资，而不可能像某些承包制企业那样尽量把利润分掉。同样的道理，股份制企业必须着重技术创新，不断开发新产品，开拓新市场，使企业规模扩大，而不可能像某些承包制企业那样拼设备，吃老本，把老底子全都耗尽。惟有这样，股份制企业才能使股票增值，吸引更多的投资者，否则，已经购买了该企业股票的社会上的投资者也会把股票卖出去，转购那些有发展后劲的、股票增值的企业的股票。这就是投资者的利益对企业短期行为的约束。

因此，股份制企业的决策者必然既考虑到长期利益，又兼顾近期利益。股份制企业不能不考虑积累和利润再投资对于企业生存的意义。它们如果是没有发展后劲的，那么尽管眼前仍然能够按较高的股息和红利率支付给股票持有人，但仍然缺乏对投资者的吸引力。承包制企业最缺少的就是股份制企业所具有的这种对企业行为的投资者利益约束。不把承包制企业改造为股份制企业，企业行为的短期化就难以消除。

三、投资者的利益对企业短期行为的外在约束

以上所讨论的投资者的利益对企业短期行为的约束，可以称为内在约束，即主要来自股票持有人对投资机会的选择而产生的约束。接着，让我们讨论另一种约束，即客

观上存在的企业兼并行为对企业行为短期化的约束，可以称之为投资者利益的外在约束。

要知道，在竞争性的市场上，每一个企业都处在竞争对手的严密注视之下。假定一个股份制企业目前取得了10%的利润率，它的领导人也许聊以自慰。但它的竞争对手通过对这个企业的潜力和现状的分析，却可能得出不同的看法。比如说，竞争对手会认为："根据这个企业的技术设备状况、职工的素质、过去的信誉与业务联系、产品的销路等等，它完全可以取得30%的利润率。"有条件取得30%的利润率的企业目前只得到10%的利润率，说明这个企业是有盈利潜力的，同时也反映了该企业目前的领导人没有能力，经营管理水平低。于是竞争对手在市场上收购该企业的股票，甚至不惜以抬高了的价格收购该企业的股票。等到收购到一定数额的股票后，竞争对手就接管了该企业，改组董事会，重新任命总经理，按照另一种方式来经营它，以提高利润率，达到预定的30%的利润率目标。

这表明，在竞争性的市场上，任何一个股份制企业都是在既有可能被其他企业所兼并，又有可能去兼并其他企业的环境中生产和经营的。股票上市为这种兼并和被兼并提供了条件。经营不好的、甚至虽有盈利但盈利潜力尚未充分发挥出来的企业，有被竞争对手接管的可能性；而经营得法的企业则可以通过兼并其他企业而使自己不断壮大。这也表明，一个股份制企业要在竞争性的市场环境中立足，必须兼顾长期利益和近期利益，必须尽量改善经营管理，取得最佳效益，必须既保持一定的积累和再投资规模，又保持一定的股息和红利率。只有当它把一切可能得到的利润全都得到了，把有利于自身发展的利润目标、资金积累目标、再投资目标等等都达到了，它才能既吸引住已经持有股票的人，又能使自己免遭被兼并的命运。反之，如果一个股份制企业只着重近期利益，企业行为短期化倾向严重，那么竞争对手也会了解到它的发展战略和经营方针的错误，了解到如何把该企业接管过来，重新制定它的发展战略和经营方针，那么将会因股票增值而获利，因企业的长期发展而获利。

从这里可以清楚地看出，股份制企业的投资者利益的内在约束和外在约束通常是联系在一起，共同起作用的。一个不能使股票增值或不能把可以得到的利润全部拿到手的股份制企业，从内部来看，股票持有人想卖掉所持有的股票，转购其他企业的股票；从外部来看，该企业的竞争对手就会考虑如何通过收购该企业的股票而接管该企业的问题。投资者利益的内在约束和外在约束一起发生作用，使每一个股份制企业都面临着如下的选择：或者继续使企业行为短期化，使企业陷于被兼并的地位；或者改变原来的发展战略和经营方针，以此兼顾长期利益和近期利益，并改善经营管理，增加再投资，使企业不断发展、壮大。

四、企业行为的长期化与产业结构的合理化

宏观经济效益的提高与企业重视资金积累，重视技术创新，重视生产经营潜力的发挥直接有关。而这一切的结果必然是促进了产业结构的合理化。

为了说明企业行为长期化与产业结构合理化之间的关系，让我们从以下三个方面来进行分析：

第一，当企业把长期发展战略和经营方针作为考虑的重点时，必然调整自己的收入分配，合理安排利润分配比例，增加企业内部的资金积累，这样，资金供给紧张这一宏观经济中的突出问题将会缓和下来。无论是企业自己把追加的资金投入到新产业部门的发展方面还是通过财政、

金融等渠道增加了对新产业部门的资金投入，都有利于产生结构的调整。

第二，由于企业行为的长期化，企业将因技术的进步、劳动力素质的提高、设备的保养与维护，以及资金积累的增加而增大了经济增长的后劲。企业的经济增长后劲的增大意味着国民经济的增长后劲的增大，从而经济的持续增长将得到保证。正如我们已经知道的，在经济持续增长过程中调整产业结构要比经济增长率下降或经济停滞情形下调整产业结构容易得多，也就是说，在企业行为长期化的条件下进行产业结构的调整要比在企业行为短期化的条件下进行产业结构的调整容易得多。

第三，产业结构的调整以生产要素流动和生产要素重新组合为前提。如果企业采取了股份制形式，这样，一方面，由于投资者利益约束的存在，企业的短期行为将被制约，另一方面，股份制将促进生产要素的流动和生产要素的重新组合。从这个意义上说，企业行为的长期化与产业结构的合理化是紧密地结合在一起的。

综上所述，我们可以得出这样的结论：企业行为的长期化或短期化所涉及的不仅仅是某一个企业本身的发展前景和命运的问题，而且在更大的程度上是关系到经济增长和产业结构调整的全局性问题。

如果由此再作深入一层的分析，那么我们不难发现企业行为长期化与产业结构合理化全都与效率问题联系在一起。

效率是指资源配置和资源利用的效率。如果我们说一个国家、一个地区、一个部门、一个企业的效率较高，是指在那里资源配置合理，人们能够有效地利用各种资源，使每一种资源都能发挥作用。如果我们说某个人的效率较高，那也是指这个人能够充分发挥自己之所长，并且能够同其他资源（包括他所使用的生产资料和同他共事的劳动者）配合得很好，所以这也是资源配置和资源利用的效率问题。现在我们要考虑的是：效率究竟来自何处？

从资源配置和资源利用的角度来看，效率主要来自三个方面：动力、素质、环境。资源中最重要的是人力资源，人力资源体现在作为劳动者的人的身上。要有较高的效率，人的工作必须有动力。可以把企业看成是由人们组成的集体，那么要使企业有较高的效率，企业的生产和经营必须有动力，组成企业这个集体的每一分子也必须有动力。动力是多方面的：不仅有经济上的动力，而且有非经济的动力，如社会责任感、个人事业心、个人兴趣与爱好等。但不管怎样，动力对于效率来说是必不可少的。

效率也来自素质。这里主要是指人的素质。人有了较高的素质，即使物的素质较差，但人能够提高物的素质，逐渐用高素质的物来代替低素质的物。人的素质同样是多方面的，除了指人的文化技术水平、经营能力、创新能力以外，也包括思想状况、道德修养等等。人的素质较低，肯定不会有较高的效率。

效率还来自环境。人总是在一定的环境中生活和工作的，作为人们组成的集体的企业也总是在一定的环境中生产和经营的。如果环境限制了人的积极性和企业的积极性，或者，如果环境限制了人的素质的提高和人对低素质的物的改造，那么这样的环境决不是可以保证效率提高的环境，它只能是抑制效率、扼杀效率的环境。

从这里可以了解到，现阶段我国的资源配置和资源利用效率之所以较低，与动力、素质、环境这三者都较差有不可分割的联系。以目前人们经常讨论的企业行为短期化来说，试问，为什么企业行为会出现短期化的倾向？从动力方面看，难道不是由于企业本身缺少长期发展与经营的动力，企业职工个人缺少长期发奋工作的动力？从素质方面看，难道不是由于企业本身缺少为实现重大技术创新、组织创新所要求的素质，企业职工个人缺少为技术和经营管理工作中的重要突破所要求的素质？从环境方面看，难道不是由于企业职工生活与工作在现存企业环境之中，从而个人的积极性被抑制，个人素质的提高遇到阻力？难道不是由于企业生产与经营在现存的社会经济环境之中，从而企业的积极性被抑制，企业素质的提高遇到阻力？动力、素质、环境这三个条件既然如此，企业的行为怎么可能不是短期化的？

再以目前人们经常议论的产业结构失调来说，试问，为什么产业结构会失调，而且这种失调现象一时难以扭转？从动力方面看，难道不是与生产要素流动的积极性不足有关，不是与开发新产品和发展新产业的动力的不足有关？从素质方面看，即使想要较快地扭转产业结构的失调，但不仅企业职工的素质、企业本身的素质不易满足要求，而且宏观经济部门工作人员的素质也难以适应新产业部门发展与管理的需要。从环境方面看，调整产业结构涉及一系列与环境有关的问题，例如资金、劳动力、技术、信息的供给问题，基础设施问题，税收与价格问题，尤其是财产关系的确定问题。如果这些与环境有关的问题未能妥善地解决，即使企业本身和企业职工的素质再高，产业结构的调整仍然是困难的。

因此，结合企业行为与产业结构调整来考察，效率问题的解决途径已经十分清楚，这就是必须综合解决与效率产生和增长有关的动力、素质、环境问题。只要这些问题得到了解决，企业行为将会由短期化转向长期化，产业结构将会逐渐由不合理转向合理，高效率也会随之产生。

五、资源配置与社会行为的长期化

一旦我们从企业行为研究转向社会行为研究，从产业结构分析转向经济结构分析，那么我们将会发现，造成我国现阶段低效率的，不仅是企业行为的短期化，而且也是社会行为的短期化；不仅是产业结构的失调，而且也是经济结构的失调。这正是当前值得我们深思的问题所在。

社会行为的短期化是指：除了企业和企业职工的行为短期化以外，社会各阶层的行为也是短期化的，甚至连某些政府机构的行为也短期化了。比如说，农民不愿生产粮食，学生不愿好好学习，个体户不愿再投资，这些都表明行为的短期化。某些政府机构的负责人缺少长远的考虑，得过且过；某些政府主管部门不知道下一步该怎么办，心中无数；某些家庭总感到自己是在动荡不安的环境中生活，不清楚今后的日子该怎么过，如此种种也都是行为短期化的表现。关于这个问题，在本书以下有关制度创新的一章中还要作进一步分析，所以这里不准备展开论述，而只限于就经济结构、资源配置与社会行为的关系问题作些探讨。

归根到底，社会行为短期化的原因在于社会各个方面都缺乏稳定的预期。对企业、企业职工、农民、学生、个体户、政府工作人员等等来说，未来是不可知的，是难以预料的。社会经济生活的不确定性，导致人们主要考虑眼前的利益，采取无远见的对策。一个主要着眼于眼前利益的社会，肯定是低效率的社会，是资源配置不合理和资源利用不合理的社会。如果我们从前面提到的动力、素质、环境三个方面来进行分析，那么所得出的结论是相同的：社会行为的短期化来自预期的不稳定，而预期的不稳定又是由于环境的制约，由于动力的不足，由于应有素质的缺乏。而在环境的制约中，最主要的是财产关系不规范而对社会各方面的经济活动所产生的消极影响，以及对社会各方面的积极性的限制。财产关系规范化了，至少从经济活动来说，可以使企业产生比较稳定的预期，产生一定的动力，这样也就可以促使社会行为由短期化向长期化转变。当然，仅仅依靠财产关系的规范还是不够的，但不能否认这毕竟是一个解决社会行为短期化的基本措施，对现阶段的我国尤其具有关键意义的措施。

当我们从产业结构的讨论转入经济结构的讨论时，我们将会看到，资源配置和资源利用效率较低，不仅与产业结构失调有关，而且与整个经济结构失调有关。经济结构失调的表现是：在所有制结构上，比较有利于调动劳动者集体积极性的合作经济、名副其实的集体经济所占的比例偏低；在地区经济结构上，地区的相对优势未能发挥出来，地区之间的经济协作和专业分工依然受到阻碍，经济较发达地区在国民经济中理应发挥更大的作用，但由于它们受到各种限制，只能迁就于整个经济形势，而经济落后地区则缺少自我成长和自我改善的经济机制，它们对国家的依赖性有增无减；在技术结构上，一个显著的失调现象是：一方面，我们已经掌握了若干在国际上处于领先地位的尖端技术，并建立了少数相当先进的部门；另一方面，初级技术和原始手工技术仍然在我国经济中占着重要的位置，尤其是在广大农村和边远地区，这种初级技术和原始手工技术依然成为技术的主体。对经济结构的分析不限于对上面提到的所有制结构、地区经济结构、技术结构的分析。实际上，推而广之，在与上述这些结构有关的企业规模结构、就业结构、能源结构、外贸结构等方面，也都存在着程度不等的失调现象。因此，整个经济结构失调，对目前我国经济而言，并不是一种言过甚其辞的说法。在这种情况下，资源配置和资源利用效率较低是完全可以理解的。当我们把资源配置趋于合理作为经济改革的一个目标来看待时，我们不得不作出如下的判断：如果经济改革尚未通过新的经济运行机制的建立而导致经济结构（包括产业结构）趋于合理的话，那么资源配置趋于合理这一目标就没有达到，正好像如果经济改革尚未通过规范财产关系等一系列措施而导致社会行为（不仅是企业行为）由短期化转向长期化的话，那么效率的低下仍然是不可避免的。

不言而喻，经济结构失调、资源配置不合理、社会行为的短期化三者之间彼此影响；只要其中任何一种情况没有较大的扭转，都会给解决其他一种情况造成困难。要形成经济结构协调、资源配置合理和社会行为长期化三者相互推动的格局，惟有把经济改革深化作为关键。只有在经济改革深化的过程中，促成效率提高的动力问题、素质问题和环境问题才能逐步求得解决，包括产业结构在内的整个经济结构才能趋于协调，资源配置和资源利用效率才能不断提高，相应地，包括企业行为在内的社会行为才能避免短期化，转向长期化。

在资源配置与社会行为长期化问题的讨论中，我们很自然地会遇到一个经常使经济学界感到困惑的问题。这就是，当我们的经济已陷入困境的时候，人们时常向经济学界提出问题："经济什么时候才会走出'低谷'？"对这个问题通常作出这样的回答，即通过经济波动的趋势分析，把产值的变动率（经济增长率）作为主要的指标，似乎只要产值在连续下降之后有了回升，即经济在增长幅度连续降低之后又开始增大，于是就认定经济已经走出了"低谷"。经济增长率是国际上一般采用的分析经济波动趋势的主要标志。但对于处在第二类非均衡经济中的我国来说，以此来说明经济是否走出"低谷"显然是令人怀疑的。

产值的变动率可以说明一些问题。但产值的变动也会掩盖经济的实际情况。在我国经济的现实条件下，特别是在企业行为短期化、社会行为短期化的客观环境中，产值的增加不一定表现经济已经好转。只要企业依然是缺乏利益约束、预算约束的，那么企业就有可能不顾自己的实际损益来增加产值，企业也可以不问市场的真实销路而使产值增加。就全社会而言，在社会行为短期化的影响下对商品的购买很可能采取只顾眼前，不顾长远利益的做法，结果使得产值的增长反映不了经济的真实情况。至于说到政府，那么它同样会受到行为短期化的制约，它会由于种种原因而以人为的方式使产值回升。举一个常见的例子来说，假定上级政府以产值的增长作为对下级政府考绩的指标，那么下级政府就会置其他考虑于不顾，一味地使产值增加。假定过去已连续几个月发生了产值下降的情形，而促使产值回升又成为对经济工作成绩好坏进行考核的主要指标，那么各级政府都会使出一切办法来增加产值，如以财政、信贷方法支持工厂投产，支持商业部门收购，鼓励居民多购买等等。也就是说，在以产值的变动作为判断经济是否走出“低谷”的主要指标时，既然政府有可能以财政、信贷等方式来人为地增加产值，那么这样的“低谷”就是比较容易走出的。以这种方式走出“低谷”，并不意味着经济情况已经真正好转，这只不过是把经济的实际状况作了一番掩饰而已。既然困难依旧存在，那么肯定地说，过一段时间之后经济又会滑坡，又会陷入“低谷”。但对于行为短期化的政府或企业来说，这并没有什么值得忧虑的。理由是：不管怎么说，上一个“低谷”不是走出了么？尽管新的“低谷”又来到了，如法炮制一通，不也可以再次走出“低谷”吗？在非均衡条件下，企业行为短期化、社会行为短期化的结果不可能不是这样。

真实地反映非均衡的经济是否走出“低谷”的主要指标，不应当是产值的变动，而应当是企业经济效益的变动以及与之有关的财政实际收入的变动。只有它们才能较准确地反映经济情况是否好转。企业经济效益可以通过每百元资金利润率、每百元产值利润率或每百元销售额利润率等反映出来，它们可以较准确地衡量企业经营状况的好坏。如果在连续一段时间内，企业的经济效益一直是下降的，那就可以认为经济陷入了困境。即使这段时间内产值是上升的，也并不等于经济真正好转了。企业经济效益不仅反映了企业本身的经营状况，而且也反映了资源配置状况和产业结构状况。如果资源配置不当、产业结构严重失调，那就必然形成企业生产成本上升、销售困难、利润率下降。同时，企业经济效益是同国家财政收入紧密联系在一起的，所以也可以采取财政实际收入作为判断经济是否走出“低谷”的主要指标。这就是说，在扣除物价上涨的影响，并且把各种债务收入从财政收入中剔除之后可以算出财政实际收入的数额。如果在连续一段时间内，财政实际收入一直是下降的，那么也可以认为经济陷入了困境。即使这段时间内产值上升了，同样不等于经济已经好转。

从有关经济是否走出“低谷”的上述分析可以了解到，在我国现实经济条件下，要扭转企业经济效益下降和财政实际收入减少的不正常状态，关键的措施仍然在于深化经济改革，克服企业行为短期化、社会行为短期化对于资源配置、产业结构、经济结构所造成的不良后果，使经济的稳定与增长有一个较坚实的基础。

第三节 产业结构调整与经济的不平衡增长

一、一个理论难题

在当前我国的经济生活中，一个有待于解决的研究课题是如何在经济改革、经济增长与产业结构调整三者之间建立一种彼此推进的协调关系，以便既能在经济改革过程中实现有效的经济增长，又能通过经济增长和产业结构调整来建立资源配置的新机制，实现从传统经济体制向新经济体制的转变。

这一任务是艰巨的。要知道，当前我国经济正处于非均衡状态，市场不完善，资源短缺，而企业还没有成为有真正的利益约束的商品生产者。在这种情况下，假定主要依赖市场机制的作用，让市场定价，那么在企业缺乏利益约束和生产要素的流动仍然受到产权关系不规范的限制的条件下，就会造成物价的迅速上涨，市场信号扭曲，从而产业结构不但难以朝着合理化的方向调整，甚至历史上形成的产业结构失调状况会加剧，并会阻碍今后的经济增长。另一方面，假定主要依赖政府调节的作用，即仍由政府实行价格限制和商品配额，那么虽然在一定程度上有可能促进某些产业部门的较快发展，抑制另一些产业部门的产量的增加，并且也有可能维持一定的经济增长率，但由于企业的积极性是受到束缚的，企业的效率难以提高，因此势必推迟了甚至阻碍了资源配置新机制的建立，经济增长只可能以牺牲效率作为代价而实现，而产业结构最终不得不以缺少正确的市场信号引导而摆脱不了失调的困境。这就是摆在我国经济学界面前的一个难题。对这个难题，我们准备从投资主体的确定着手进行研究。

二、产业结构调整的投资主体的确定

经济增长的主体是企业，产业结构调整的主体也是企业。这里所说的主体，是指投资主体而言。但要使企业成为有效益的投资主体，必须先使企业成为真正的利益主体。这就是说，企业必须具有自己的独立的利益，企业要关心这种利益，企业进行投资是为了实现这种利益，企业在投资中自我约束也是为了实现这种利益。如果我们在制定经济增长政策和产业结构调整政策时，把具有独立利益和接受利益约束的企业作为投资主体来看待，也许可以在这方面走出一条新路。假定以此为出发点，那么首要问题将是企业体制的改革，即赋予企业以利益主体和投资主体的地位，由企业的投资选择来制约经济增长和产业结构调整，促进经济增长和产业结构调整，从而达到经济改革、经济增长、产业结构调整三者协调并进的目标。

我们知道，产业结构调整实际上就是压缩一些产业部门的投资和增加一些产业部门的投资，产业结构不仅体现于各个不同部门的产出的比例，而且体现于各个不同部门的投入的比例。投入制约着产出，投入与产出之比也制约着产出。“让企业成为产业结构调整的投资主体”这句话，具有两个含义：第一，企业根据自己的利益而选择投资方向，决定增加对哪些部门的投入，减少对哪些部门的投入，并由此影响产业部门之间的产出比例；第二，企业根据自己的利益而调整投入与产出之比，也就是通过效率的提高来制约产出，增加产出。这两个含义中，第二个含义可能更加重要。这是因为，只有让企业成为利益主体，企业通过提高效率来增加产出的积极性才能有较大幅度的提高。在资源短缺和投入受到客观限制的条件下，这将是克服某些商品短缺的更为合理的途径。

从另一个角度来看，企业作为投资主体，也就是意味着企业作为生产要素的需求主体或购买主体。当企业根据自己的利益调节投资方向和生产要素组合方式时，通过对生产要素的需求的调整而影响其他企业提供的产品的销售量，这样也就从客观上影响一些产业部门的产量和规模的变化，引导着产业结构的调整方向。因此，在企业成为利益主体时，企业既从自己的投入（包括投入的资源数量以及投入与产出之比）方面，又从自己对其他企业提供的产品的购买方面制约着产业结构调整。经济增长率归根到底是由每一个企业的产出增长率决定的，既然企业的产出增长率总是在产业结构调整过程中实现的，所以经济增长与产业结构调整将是同一个过程。具有独立利益的企业在作为经济增长主体的同时，也就成为产业结构调整的主体。

三、非均衡条件下政府的配额均衡在产业结构调整中的作用

当我们把企业看做投资主体并且重视企业的投资选择与购买选择在产业结构调整中的作用时，应当考虑到企业是在非均衡条件下进行经济活动的，市场的不完善和资源供给的短缺不可避免地会对企业的投资选择与购买选择发生有力的影响。这样，我们就不可能忽视政府在产业结构调整中的重要作用。经济的非均衡程度越大，政府在产业结构调整中所起的作用也越重要。

政府要对非盈利性的投资项目承担责任，这是与政府的性质直接有关的。在任何情况下，政府也不应当回避这

方面的投资责任。关于这一点，几乎不需要再作论证了。现在需要探讨的是，假定市场不完善和资源供给短缺，政府作为经济调节者，究竟应当如何影响企业的投资选择与购买选择，进而影响产业结构的调整，使之趋向合理化？这主要是通过政府的配额均衡来实现的。

政府的配额均衡可以通过目标原则，或平均原则，或历史比例原则来实现。每一个原则都有一定的适用范围，每一个原则也都可能出现弊端，因此，政府在何种情况下采取何种原则，应当根据具体条件进行研究，然后作出决定。

目标原则是指政府根据产业部门的重要程度而制定轻重缓急的顺序，把有限的资源配售给各个有关的部门。这种分配资源的方式有利于贯彻政府预定的经济增长目标和产业结构调整目标，并且能够较快地促进某些产业部门的增长，限制另一部门的增长。但问题是：产业部门发展的轻重缓急顺序的排列是否科学？能不能使有限资源配售的比例有助于经济增长目标与产业结构调整目标同时实现？这样的资源配额是否符合资源利用的效率标准？最后，能不能保证配售到某一产业部门的资源不被挪作他用，不被转卖牟利？从某种意义上说，目标原则的副作用在于：它使某些部门和企业处于特殊照顾之下，而这些部门和企业却不一定是高效率的；至于另一些部门和企业，实际上被排除在资源供给以外了。尽管它们可能是高效率的，但由于资源不足而不得不使效率降低。因此，如果只有配额的目标原则（即使目标原则的确定是科学的），而没有促进部门间资源存量转移的措施和促进企业转产的措施，目标原则下的配额均衡将以社会的资源利用效率下降作为代价。

平均原则是指政府根据需求者所提出的需求数量和可供的资源数量进行平均分配。从调整产业结构的角度来看，平均原则可能是阻碍政府预定的产业结构调整目标的实现的，因为这样做意味着基本上维持产业结构的现状，但从维持经济增长的角度来看，平均原则下的配额均衡不至于导致经济增长率的较大幅度的波动。加之，就居民生活必需品的供求而言，按平均原则来分配有限的资源仍然有着维持社会安定的作用。在平均原则之下，社会的资源利用效率也是会降低的，但这种降低应当主要归咎于资源供给的普遍不足，而不一定是改变产业部门结构所引起的（因为产业结构基本维持现状）。

历史比例原则是指政府根据历史上已经形成的或过去一贯沿用的资源分配比例来确定部门间或企业间的资源配额。用这种办法来分配有限的资源，其效应与采取平均原则相似，即基本上维持产业结构的现状，同时又可以避免经济增长率发生较大幅度的波动。但问题是：历史比例原则的确定既然以既成的资源分配比例为依据，那就涉及既成的资源分配比例的合理程度究竟如何？同时，在这种情况下，能不能保证分配到一定的部门和企业中的资源不再被挪作他用，不再被转卖给其他部门和企业而牟利？还有，历史比例不可能不根据实际情况而有所调整，如果要调整历史比例的话，那么怎样重新制定有限资源的配额？

由此看来，在资源供给不足从而有必要由政府采取配额的情况下，既要兼顾经济增长与产业结构调整目标，又不要挫伤企业经营的积极性，不要使企业的资源利用效率下降，这的确是一个相当艰巨的任务。不管政府按照哪一种原则来实行配额，目标配额的制定（即产业部门重要程度的顺序的排列）、平均配额的制定、历史比例配额的制定，首先都必须具有科学性。只有科学地制定这些配额，才能尽量减少政府配额过程中的差错和矛盾。其次，无论在哪一种原则之下，都应当防止短缺资源的渗漏现象的发生，也就是要防止被分配到一定部门和企业中的短缺资源因牟利目的而被转买给其他部门和企业。

一种折衷的做法是兼取三种原则，实现政府调节下的配额均衡。三种原则之中，比较有利于达到政府预定产业结构调整目标的是目标原则；比较有利于维持经济增长，较少地导致经济增长率发生较大幅度波动的是历史比例原则；较少引起需求各方之间的摩擦，并且较少地挫伤所有企业的积极性的是平均原则。这样，要发挥非均衡条件下政府的配额均衡在产业结构调整中的作用，不妨以目标原则为主，兼顾历史比例原则和平均原则的特点，制定一种综合地确定短缺资源分配的比例。

四、主导产业政策的运用和经济的不平衡增长

资源短缺条件下的经济增长与短缺的资源在部门间的配额有关。假定在短缺资源的分配中主要依据的是目标原则，那么这时的经济增长必定是在产业结构调整过程中实现的，而产业结构调整过程中所实现的经济增长也必定是倾斜式的经济增长，即经济的不平衡增长。

这里涉及对于经济不平衡增长的价值判断问题。要知道，任何经济增长都是从一定的经济现实环境中出发的，我们可以把这种现实环境称做经济增长的初始状态。任何经济增长，在经历一定的时间之后，总会达到某个预期的经济境界，我们可以把这种预期的境界称做经济增长的阶段终点。在评价经济的平衡增长与经济的不平衡增长时，既不能脱离经济增长的初始状态，也不能脱离经济增长的阶段终点。假定初始状态是产业结构协调的，而预期的经济增长阶段终点也是产业结构协调的，那么经济的平衡增长显然是理想的增长途径。在这段时间内，经济的不平衡

增长也许是不必要的，甚至还可能不利于预定的产业结构协调目标的实现。然而，在当前，我国经济处于非平衡状态并且初始点上的产业结构就已经处于严重失调的情况下，经济的平衡增长既缺乏可行性，又不符合短缺资源配额均衡下经济增长的要求。因此，对于经济不平衡增长的是与非，不应当脱离实际而作出判断。

政府配额均衡条件下的经济不平衡增长的结果，究竟能否达到政府预定的经济增长目标与产业结构调整目标，与政府制定的主导产业政策的科学性有关，也与这一主导产业政策被贯彻的程度有关。假定政府不制定任何主导产业政策，一切听任市场调节来自发地形成经济中的主导产业，虽然其结果也有可能既实现经济增长，又调整了产业结构，但这通常以市场比较完善和企业具有利益约束为前提。何况，即使如此，产业结构调整过程也可能相当缓慢，因为一旦出现了货源有限或市场有限等情况，通过市场自身的配额调节（短缺资源的自发分配或有限市场的自发分割）总是在无数次交易活动和资源转移之后才达到预期效果的。就当前我国的实际情况来说，由于市场不完善和企业仍然缺乏利益约束，资源的部门间的自发转移有困难，市场的配额调节的结果不一定与政府预定的经济增长目标、产业结构调整目标相吻合，从而由政府制定主导产业政策，并根据这一政策来实现政府配额均衡下的经济不平衡增长，就显得十分必要。

主导产业政策是一种倾斜式的产业政策。但应当注意到，任何主导产业都需要有其他若干产业与之配合，而与主导产业直接有关的其他若干产业又分别与更多的产业联系在一起。这样，即使政府实行的是倾斜式的产业政策，这种政策也只能按照与主导产业的关系的密切程度来实行短缺资源的配额，而不可能倾斜到只顾某一个或少数几个产业而忽略其他有关产业的地步。这意味着，在非均衡条件下，如果说政府惟有通过配额均衡来实现经济的不平衡增长，集中较多的资源发展主导产业，以调整产业结构的话，那么产业政策的这种倾斜只能适度，而不应当过分，否则不仅不能加速主导产业的成长，反而有可能导致产业结构失调现象的延续或加剧。

通过以上的分析，可以清楚地了解到，关于经济增长的平衡与不平衡之争实际上并非如通常所说的，究竟是不平衡增长优越还是平衡增长优越。既然增长的初始状态是产业结构失调，那么争论的焦点就不可避免地成为经济增长的不平衡程度之争，也就是产业政策的倾斜度之争。过度的倾斜的害处更大于完全没有倾斜。经济的过分不平衡增长可能加剧产业结构的失调，而在经济增长的初始状态表现为产业结构已经失调时，经济的平衡增长虽然无助于产业结构失调现象的消除，但较为可能的是基本上维持产业结构现状，而不一定使之加剧、恶化。这正是在政府制定主导产业政策时需要注意的。

于是问题归结为政府究竟如何运用主导产业政策，如何使产业政策的倾斜适度。为了说明这一点，有必要考察一下企业运行机制和价格信号在主导产业政策实施过程中的作用。

五、企业的自我约束及其对产业政策倾斜过度的制约

主导产业政策是由政府制定并由政府推行的。政府行为的非理想化使得政府所制定和推行的主导产业政策同政府预定要达到的经济增长与产业结构调整目标之间存在一定的差距。政府很难使得产业政策的倾斜恰到好处。这样就需要有一种力量对产业政策倾斜过度加以制约。那么，

这种制约的力量主要来自何处？它不是来自政府本身，它主要来自作为投资主体和利益主体的企业。

假定企业没有摆脱行政机构附属物的地位，依然缺乏利益的约束并且不能根据自己的现实利益和预期利益来选择投资机会，毫无疑问，当政府的产业政策严重倾斜（即过度倾斜）时，企业对于由此引起的市场供求比例的变化不可能作出反应。产业政策的过度倾斜所加剧了的产业结构失调，以及具体表现出来的某些商品供给缺口增大和另一些商品需求缺口增大，只有等到问题积累到一定程度，等到政府自己发现它们的严重性了，才有可能纠正过来，但这往往需要较长的滞后期，国民经济因此而受到的损失将是巨大的。不仅如此，由于产业政策的倾斜与政府对短缺资源的配额联系在一起，在企业缺乏利益约束的情况下，企业甚至有可能利用产业政策的倾斜过度来为自己牟利，如利用短缺资源去发展并非市场所急需的生产，或利用短缺资源进行非生产性的盈利活动，其结果，不但不是对产业政策倾斜过度的制约，反而会加剧不合理的产业政策的倾斜，加剧短缺资源的短缺程度。

如果客观上发生上述这些与政府在制定倾斜产业政策时所预计的情况相违的现象，而政府又不把企业缺乏利益约束视为问题的症结所在，那么政府很可能作出一种错误的判断，即认为这一切主要是由价格的不合理或双轨价格的存在所引起的，于是政府试图以取消双轨价格控制和放开价格来纠正产业结构的严重失调，消除商品供给缺口和需求缺口。从理论上说，这样做似乎是有根据的，因为价格信号的正确将导致资源流向市场所需要的领域，企业对价格信号的灵活反应将导致企业转而生产短缺商品，转而投资于经济中的薄弱环节，促进产业结构的合理化。但这与非均衡条件下的实际情况完全不符。假定政府这样做，所带来的恰恰是产业结构的进一步失调和经济的进一步混乱。关键仍在于：尚未自主经营、自负盈亏的企业不可能成为真正起作用的产业结构调整的利益主体。

如上所述，资源短缺和初始状态中的产业结构失调是既成事实，市场不完善和企业缺乏利益约束也是既成事实。在资源短缺的前提下，配额均衡是不可避免的：不是由政府来实现配额，就是由市场来实行配额。价格双轨制意味着既有政府实行的配额，又有市场实行的配额，而政府实行的配额将根据目标原则（或平均原则，或历史比例原则）付诸实现。如果政府决定在这种形势下把价格双轨制转变为市场单一定价制，那就意味着取消政府的配额，而让短缺资源完全由市场来实行配额：市场或者按照“谁先来，谁先买”的优先原则分配，或者按照垄断原则分配。但无论市场按照什么原则来分配短缺资源，只要市场仍然是不完善的，企业产权关系仍然不规范和企业仍然缺乏利益约束，那么供给价格弹性较小和需求价格弹性较小的事实必然导致新的两种价格的并存，即公开的市场价格或地下的市场价格（黑市价格）的并存。公开的市场价格与地下的市场价格你追我赶，始终保持某种差距，结果导致价格的轮番上涨。这正是我国经济处于非均衡状态下的实际情况。它不仅无助于缓解产业结构失解，而且只会使产业结构失调加剧。

政府如果考虑到经济的非均衡状态，考虑到企业尚未成为独立商品生产者这一客观事实，那么从有效地调整产业结构的目标着眼，决不能在条件不成熟时放开价格和取消价格双轨制，而只能在保持政府配额的同时，改造企业运行机制，并依靠企业的自我约束来制约产业政策倾斜的过度。关于这些，本书第六章的分析是完全适用的。

企业作为投资主体和利益主体，将具有投资与经营的自我约束力；而这种与企业运行机制联系在一起的企业自我约束力，将成为对于政府的产业政策倾斜过度的一种制约。这是因为，企业是按照自己的利益趋向而进行投资方向的变动和投资数量的调整的；如果政府的产业政策的倾斜过度，在双轨价格条件下，企业将面临以下两种选择：

第一种选择是，企业宁肯接受市场配额，即利用高于固定价格的市场价格来生产既符合自己的利益，又适应市场需要的短缺产品。这样就可以弥补政府的产业政策倾斜过度而导致的该种商品的短缺。当然，当企业作出这种选择时，企业要冒一定的投资风险和经营风险。但企业作为利益主体，它不仅有权这样做，并且也愿意承担这些风险。伴随着企业投资风险和经营风险而来的，将是企业的盈利。有了盈利的动力，企业是有可能作出这种选择的。

第二种选择是，由于政府的产业政策倾斜过度而导致政府配额过于集中，但企业又不愿接受市场配额（这主要是由企业从自身利益出发，感觉到市场配额的价格过高，从而投资风险和经营风险过大），这样，政府配额的不足必将导致企业改变生产规模和生产方向，包括企业转产、停产、减产、与其他企业合并或联营等等。由此涉及生产要素的流动和资源在部门间、企业间的重新组合。生产要素的流动和资源重新组合以企业自身的利益为指导，而企业的利益又以市场的实际需要为转移。于是也就有助于弥补政府的产业政策倾斜过度而导致的某些商品的短缺，有了盈利的动力，企业也会作出这种选择。

无论企业作出第一种选择还是第二种选择，其结果首先是有助于弥补政府的产业政策倾斜过度而导致的某种短缺。这可以被看成是企业的自我约束对于产业政策倾斜过度的一种制约。除此以外，还存在着企业的自我约束对于产业政策倾斜过度的另一种制约。这就是在企业作出上述任何一种选择之后，市场形势都会发生一定的变化，从而促使政府改变原来的产业政策过度倾斜的做法，修正过于集中的配额方案。

比如说，假定企业作出第一种选择，从市场上用高于固定价格的价格来购买生产资料并用以生产市场所需要的短缺商品，这样，市场上该种生产资料的供给量将增加，而企业所生产出来的该种短缺商品的价格将下降。这将给予实行该种生产资料配额和该种短缺商品配额的政府以一定的信号，使政府感到自己原来制定的配额方案（即产业政策倾斜过度，配额过于集中的方案）已与新的市场形势不相适应了。于是政府就有可能调整配额来适应新的市场形势。

假定企业作出第二种选择，即企业通过生产要素的流动和资源的重新组合来应付政府原定的配额过于集中问题，那么生产要素流动和资源重新组合的结果将会导致市场上某些短缺商品供给量的增加，引起市场形势的变化。当政府接收到这种信号以后，也会重新考虑原来的配额方案，从而根据新的市场形势进行配额的调整。

由此可见，只有企业从作为行政附属物的地位转到自主经营、自负盈亏的独立商品生产者的地位，政府的配额均衡才有助于产业结构的合理化，才能避免因政府配额不当而造成的产业结构失调迟迟不能解决的情况的发生。反之，如果政府在企业体制未变的条件下，指望用取消双轨价格来协调产业结构，那么就只能得到与政府的预定目标相反的结果。

这一切充分说明了非均衡状态中的经济改革、经济增长、产业结构调整三者之间的关系的实质。简言之，如果不首先进行有效的企业体制改革，经济增长与产业结构调整这两个目标不仅难以实现，而且会给以后的经济增长与产业结构调整造成困难。

第八章

政府对农业生产的调节

第一节　非均衡条件下的农产品供求

一、农业的非均衡状态

在分析产业结构调整问题时，应当把农业放在特殊的位置上，把农产品供求放在特殊的位置上，把农产品供求与农业增长作为专门一章来进行考察。

当我们把市场不完善与资源供给有限作为经济非均衡的重要标志时，农业显然具有较明显的非均衡性质，这首先反映于土地数量为既定的，资源的自由转移在农业中所受到的限制十分突出。西方经济学家通常把农业作为完全竞争部门来看待，把农产品市场作为完全竞争市场来看待。如果说这种看法对于发达资本主义国家的农业与农产品市场来说，多多少少还有所适合的话，那么对于发展中国家，尤其是对于我国目前的情况而言，这种看法与实际有很大出入。我国当前农业的非均衡状态，主要反映于以下三个方面：

第一，在资源供给有限的条件下，由于体制的原因，资源的自由转移受到很大限制。这不仅是指农业内部的资源自由转移受限制，而且指农业与非农业、乡村与城市之间的资源自由转移受限制。

第二，主要农产品供给不足，这些农产品的供求之间存在着一定的缺口。主要农产品市场相应地存在着限制，即一方面存在着政府的配额；另一方面存在着市场的配额。双轨价格的并存反映了主要农产品交易的不完全竞争性质。

第三，即使在不受政府配额限制的农产品市场交易中，由于信息的不充分、地域之间对流通的有形或无形的限制、交易中介机构的不发达和某些必要的制度未建立，因此不仅交易成本很高，而且竞争也是不充分的。

这表明，要解决我国的农业问题，不能仅仅从价格方面和市场方面采取措施，而必须根据非均衡条件，采取价格以外的和市场以外的措施。并且，就现阶段的实际情况来说，价格以外和市场以外的措施将是主要的。

二、农产品供给与政府调节

针对着上述农业中非均衡的特点，为了增加农产品的供给，政府调节的重点应当放在调动农业生产者的积极性、促进资源的流动，以及保证农业生产者获得为增加供给所必要的要素供给之上。这些都属于价格以外和市场以外的调节措施。当然，以这些措施为主，并不意味着不需要采取提高农产品固定价格和扩大农产品自由购销范围等措施。这只是说，根据上述的非均衡条件，政府在价格以外和市场以外采取调节措施相对说来更为重要。

可供政府选择的增加农产品供给的价格以外和市场以

外的措施包括：

1. 建立农产品平准基金。由政府确定列入国家用支持价格来维持产量和农户收入的主要农产品种类，当农产品价格低于支持价格时，由农产品平准基金按支持价格收购。农产品平准基金的资金主要来源是财政拨款。农产品平准基金在经营农产品购销过程中的收益也可以成为农产品平准基金的补充资金来源。农产品的支持价格事前公布，并保持一定的期限内的稳定性，这样就可以稳定农业生产者的情绪，避免主要农产品产量的大起大落。在目前情况下，支持价格的起点可以稍高一些。今后，即使农产品供给增加了，农产品供给缺口缩小了，但农产品平准基金一经建立，就应当长期保持，而支持价格的水平则可以随着当时的市场供求状况而调整。

2. 发展代耕代收公司，通过金融中介促进土地相对集中。在农业生产者的种植与经营的积极性不高，以及农业中资源流动受限制的条件下，要增加农产品供给，必须有一支稳定的从事农业生产的劳动力队伍，因此，代耕代收公司之类的形式应得到政府的鼓励，较快地建立和发展起来。代耕代收公司由社会集资组成，它们同那些缺乏劳动力或缺乏农业生产经验和技术的土地承包家庭签订代耕代收合同，按付出的劳务收取费用，或根据实际收获量分成。代耕代收公司拥有较稳定的农业工人队伍，劳动生产率高，能在现有土地面积不变的情况下大大增加产量，能够提高土地利用效率。

通过金融中介促进土地相对集中是指：建立土地储蓄银行（或土地储蓄信用合作社，或农民土地储蓄基金会）之类的金融组织，向那些不愿从事农业生产但又不愿放弃所承包的土地的家庭开办土地存入业务，支付一定的利息。它们可以把土地承包者分散存入的土地贷给耕作能手或代耕代收公司，也可以同代耕代收公司签订合同，采取分成制或按劳务付酬。这些金融组织可以通过社会集资方式而组成，土地存贷的利差以及自身经营土地的收益构成这些金融组织的利润。通过这些金融组织，耕作能手或代耕代收公司可以实现集约化的规模经营。

3. 农业生产资料专营和农业生产资料合作供应网的建立。考虑到农业生产资料的短缺和市场的不完善，对农业的重要生产资料（如化肥、农药、农用主要机械和燃料、薄膜等）的政府配额制不仅不应取消，而且应当扩大。专营制度在现阶段是可行的。政府的配额应当以目标原则为主，同时参照平均原则和历史比例原则。政府在确定主要农业生产资料的配额目标时，应当把粮食放在首要位置上，但只靠政府的配额和专营还是不够的，应当及早建立农业生产资料的合作供应网。农业生产资料合作供应网主要是指由农业生产者集资组织的专门经营主要农业生产资料的供应网，它们既受到农业生产者的监督与管理，又能更好地为农业生产者服务。

以上就是政府可以采取的增加农产品供给的措施，它们也可以同提高农产品价格等措施结合起来运用。

三、农产品需求与政府调节

为了调节社会对农产品的需求，政府同样应当采取适当的调节措施，并且政府在这方面的调节重点也应当放在价格以外和市场以外。这并不是说政府对农产品价格的调整等措施无助于农产品供给缺口的缩小，而是说在非均衡条件下它们不可能成为有效地缓和农产品供求矛盾的主要措施。至于政府对某些重要的农产品的配额，在短缺较为严重的情况下仍是可以采用的，但这毕竟不是从需求的角度来缓和农产品供求矛盾的基本措施。

在价格以外和市场以外的调节需求的措施中，可供政府选择的主要有以下三项措施：

1. 以差别税率、差别利率、差别信贷额等措施来调节农业提供的原料的用户对农产品的需求量。农产品的需求者可以分为三大类。其中，第一类是企业和其他的生产经营单位，它们需要农产品作为原料。在某些农产品短缺情况较为严重时，应当尽可能使农业提供的原料的用户减少对农产品需求量，调整各自的原料结构。政府固然可以用调整农业提供的原料的价格或采取农业提供的原料的配额方式来达到这一目的，但调整价格的波动面较大，而实行配额的做法对于使用农业提供的原料的企业和其他的生产经营单位的生产积极性是有损害的，并且这种做法并不能保证农业提供的原料的利用效率增长。因此，可供政府采用的一种做法是采取差别税率、差别利率、差别信贷额之类的措施，引导企业和其他生产经营单位调整原料结构，减少对短缺的农产品的使用量。原料结构的调整是需要追加投入的，但如果政府通过差别税率、差别利率、差别信贷额等措施能给那些调整了原料结构，少使用农业提供的原料的企业和其他生产经营单位以实际的利益，使后者感到仍然有利可得，那么对社会和对这些使用农业提供的原料的用户都有好处。

2. 以差别税率、差别利率、差别信贷额以及有差别的外汇留成比例等措施来调节出口贸易商品结构，减少农产品的出口量。在农产品需求者的三大类中，第二类是农产品出口企业。它们经营农产品出口业务。在某些农产品短缺情况较为严重时，可以使这些出口企业减少农产品的出口量。当然，在有这种必要时，政府未尝不可以用农产品出口限额等较硬性的措施来达到这一目的，但这对于调动经营出口商品的企业的积极性不利，不如采用差别税率、差别利率、差别信贷额以及有差别的外汇留成比例等措施，促使出口企业根据农产品供求状况调整出口贸易的商品结构，调整短缺的农产品的出口量，这样，一方面，比较容易激发经营出口业务的企业的积极性，另一方面，这些措施较为灵活，出口企业在调整出口商品结构时有较大的主动权。

3. 以各种不同的方式改变居民的储蓄—消费比例，改变居民的消费结构，引导居民少消费较为短缺的农产品。在农产品需求者的三大类中，第三类是居民，他们直接或间接购买农业提供的产品。如食物，主要是居民直接购买的农产品；以棉、麻、蚕茧、羊毛等而言，其主要购买者是企业，而居民购买的衣料或服装则是以这些农产品作为原料的企业的产品，因此棉、麻、蚕茧、羊毛等等可以被看成是居民间接购买的农产品（居民对于加工食品的购买，也可以视为居民对农产品的间接购买）。要使居民减少对农产品的直接和间接购买量，除了可以采取价格调节措施和实行配额以外，政府还可以设法改变居民的储蓄—消费比例，改变居民的消费结构，包括改变居民的食物结构、衣着习惯、居住条件等。而在这些方面，政府有一系列措施可以选用，如：

（1）政府可以通过调整税率或利息率来调节居民的储蓄—消费比例；

（2）政府可以开征新税来改变居民的储蓄—消费比例以及改变居民的消费结构（包括居民的食物结构）；

（3）政府可以通过出售房屋或金银首饰来改变居民的消费结构，还可以采取出售企业股票，发行政府债券等方式来改变居民的储蓄—消费比例以及居民的消费结构；

（4）政府可以采取措施促进居民增加劳务消费（包括

旅游支出、文化教育支出等)，以减少居民对农产品的直接或间接购买量；

(5) 政府还可以通过财政、信贷等多种措施，在社会总需求大于社会总供给的情况下压缩社会总需求，从而起到压缩对农产品的需求的作用。

以上所列举的这些调节措施可以同调整农产品价格或实行配额等措施结合在一起使用。

第二节　农产品供求均衡的趋势

一、农产品供求双方行为的长期化

对农产品供求的调节不是没有困难的。困难在于：以上讨论中所提到的调节方式都是价格以外和市场以外的措施，它们或者通过政府的财政政策、信贷政策来导致农产品供求比例发生变化，或者以一定的体制方面的调整（如土地储蓄制度的建立、代耕代收公司的建立等）作为导致农产品供求比例变化的前提条件。如果农业生产者自身缺乏扩大生产经营规模的志愿和积极性，或者，如果农产品需求者对于改变原料结构、消费结构等不感兴趣，或认为这些改变的成本偏大和收益偏低，那么无论政府采取何种方式来改变农产品的供求都不易收到显著的效果。换句话说，假定农产品的供给者和需求者双方的行为都是短期化的，都认为政府所采取的调节农产品供求的措施与自己的近期利益之间的关系不明确，那么他们很可能不会按照政府预定的调节的供给和需求的目标去安排自己今后的经济活动；至于长期利益究竟如何，他们可能很少关心，这样，政府调节的效果不明显也就不言自明了。

摆在我们面前的一个问题是：通过什么样的政府调节措施，才能导致农产品供给者和需求者克服行为短期化的倾向，才能促成他们的行为的长期化？从根本上说，一个微观经济单位（不管它是企业还是个人）的行为长期化取决于三个条件，这就是：微观经济单位在从事经济活动时要有明确的发展目标；微观经济单位在争取实现自己确定的发展目标时要有内在的动力；微观经济单位在通过自己的努力走向预定的发展目标时，要感到自己是有希望通过努力而实现这一目标的。反之，如果微观经济单位在从事经济活动时没有任何发展目标，而只顾眼前的好处；如果它们本身没有动力，从而认为实现发展目标与否与自己没有什么关系；如果它们对前景失去信心，或预期是紊乱的，即认为不管怎么努力也不可能使发展目标实现，那么行为的短期化，甚至超短期化，都将是不可避免的。在探讨当前我国农业的现状与发展趋势时，让我们就上述三个有关微观经济单位行为长期化的条件，首先结合农产品供给者的实际情况来进行分析。

第一，关于经济活动的发展目标。

这里最重要的是农产品供给者的发展目标的确定，农业生产者提供农产品，只不过是他们为实现自己的发展目标所必需的手段。不能简单地认为农业生产者的发展目标就是种地、饲养家禽家畜、向市场提供农产品。如果说他们认识到提供农产品是在为社会做贡献，那么他们以多做社会贡献作为自己的发展目标。如果说他们认为多提供农产品可以增加收入，改善自己的生活状况，使自己变得富裕起来，那么就是以物质利益增长作为发展目标。假定这两者（即社会责任与物质利益）是结合在一起的，那么发展目标的内容将更加充实。但不管怎样，只要有一个发展目标，农业生产者就会明确自己将朝什么方向努力。但在现阶段，这样的目标至少已变得含糊不清。社会责任，作为发展目标而言，被认为流于空泛。物质利益，作为发展目标，又被认为不切实际，因为现实生活中，从事农产品供给以外的其他许多经济活动的物质利益很可能大大超过提供农产品所获得的物质利益。于是对于不少农业生产者来说，发展目标变得越来越不确定了。

第二，关于实现预定目标的动力。

没有发展目标，动力问题将无从谈起。在农业生产者的发展目标越来越不确定的前提下，很难认为他们提供农产品（尤其是追加投入以增加农产品供给）的动力是充足的。当然，这并不是说农业生产者从事任何经济活动都没有动力。如果他们不关心增加农产品的供给，只表明他们缺少这方面的动力。尽管他们对眼前利益的追逐也可以被视为他们要达到“目标”，但这与经济活动中所要实现的发展目标不是一回事。正由于动力的不足，所以无论政府采取财政、信贷或其他调节措施，农业生产者不可能以调整自己的经济活动的方式来适应政府的意图。

第三，关于通过努力来实现发展目标的信心。

这个问题与上面所谈到的动力问题是相似的，这就是：如果连发展目标都不明确，连动力都是缺乏的、不足的，那么还谈什么实现发展目标的信心呢？农业生产者的行为短期化不难由此得到解释。现在需要说明的是：即使某些农业生产者有了自己发展的目标，并准备通过增加农产品供给来实现这一目标，但究竟能不能依靠自己的努力而使这一目标得到实现呢？应当说，信心是缺乏的。在市场不完善和资源短缺等情况之下，农业生产者不一定能使自己的努力取得相应的成果，这样，随着他们的信心的减弱，他们在增加农产品供给方面所做的努力也会减弱。政府指望通过各种调节措施来促使农业生产者增加供给的意图也就难以实现。

以上是从农业生产者的行为短期化的角度来分析的。下面，再从农产品需求者的角度进行探讨。现在把农产品需求者简化为企业与居民两类。在市场不完善和企业本身缺乏利益的约束、预算约束的条件下，企业不可能有自己的发展目标，也缺乏争取实现这一目标的动力和信心。因此，企业难以通过调整原料结构和降低成本的途径来减少对农业提供的原料的购买量。企业本身的行为短期化决定了企业作为农产品需求者的行为短期化。至于居民作为农产品需求者，那么一方面，在居民普遍收入水平仍然较低的情况下，居民改变消费结构，特别是改变食物结构的有限性是无法否认的，另一方面，由于市场不完善和资源的短缺，居民的预期很不稳定，因而他们有可能不按政府调节措施所预定的那种方式来改变自己对农产品的直接或间接购买。换言之，居民本身的预期的紊乱决定了居民作为农产品需求者的行为短期化。

这一切都可以被称为当前我国农产品供求与政府调节之间的关系的不规则性。

二、农业的适度规模经营

关于我国农业非均衡状态的理论研究的一个重要问题是如何解决农产品供求双方的行为短期化。农产品需求者的行为短期化，虽然与农产品供求矛盾的缓和也有密切的联系，但这主要不是在农业中要解决的任务。真正的难点在于克服农产品供给者的行为短期化。根据前面所论述的，为了使农业生产者克服行为短期化，增加农产品的供给，有必要使他们具有明确的发展目标，具有为实现这一目标所必需的动力，以及具有通过自身努力而使预定的发展目标得以实现的信心。看来，要解决农业问题，应当由此着手。

对广大农业生产者来说，与目标、动力、信心直接联系在一起的是土地的占有与使用问题。如果能够根据我国的实际情况制定适宜的土地占有与使用方案，将有利于扭转农业生产者对供给农产品的积极性不足的状况，使他们的行为转向长期化。那么，能不能建立土地私有制呢？主张建立土地私有制的国外一些学者认为土地私有可以使农业生产者增加对土地投入的积极性，使他们关心自己的财产和经营成果，爱惜土地，扩大生产。我是不同意这种主张的。在我国，土地已经公有化多年，社会各界都已经树立了土地公有的观念，如果废除土地公有，变为土地私有，社会的动荡不安、特别是农村的动荡不安将带来十分不利的后果。加之，土地私有必然涉及土地私有者可以根据自己的意志出售土地的问题，而个人任意出售土地，必然导致农业生产力的破坏，导致社会矛盾的加剧。而且，土地私有化以后，固然有的土地私有者会爱惜地力，保养土地，精耕细作，但不能排除这一事实，即也有一些土地私有者从事土地买卖以牟利，或以私有的土地从事与农业无关的活动，这不也是一种行为短期化么？因此，我们必须在坚持土地公有的基础上讨论克服农业生产者行为的短期化问题。在现阶段，我们可以维持农村土地集体所有制的现状，维持集体土地所有制基础上的家庭联产承包经营的制度。但未来的土地制度究竟如何，我们不妨作如下的设想：首先，在将来的适当时候，宣布中华人民共和国国境内的一切土地均归国家所有，成立国家土地委员会，监督、管理全国的土地，不容许土地这一属于全国人民的财产受到侵占。与此同时，宣布实行土地国有化之下的土地占有与使用的制度。这是指：土地所有权归于国家，农业中每一块耕地则有具体的占有者与使用者，这些具体的土地占有者与使用者就是从事农业生产的微观经济单位（农户或农业企业组织）。国家拥有这些农业土地的所有权，具体地占有并使用某一块农业土地的微观经济单位，虽然可以使用它，转让它，并可以把它传给自己的继承人，但由于土地所有权属于国家，因此这里所谈到的“转让”是指对使用权的转让，这里所谈到的“出租”或“继承”，也是指对使用权的“出租”或“继承”。而且，即使以“转让”和“出租”而言，由于土地归国家所有，所以占有并使用土地的任何微观经济单位（农户或农业企业组织）无权自行决定把土地转让或出租给非农业的土地用户，也无权自行决定把土地转让或出租给外国人。此外，当这些微观经济单位在把土地转让给农业的土地用户时，要在作为国家土地所有者的代表——国家土地委员会——下属土地管理机构办理过户手续，并缴纳一定的费用（土地转让费等）。

由于确定了土地国有制，因此土地的财产关系在所有权这一层次上被明确了。一切使用农业土地的微观经济单位只要不侵犯国家对土地的所有权，不违背国家的土地管理法规，就有权长期使用土地并把使用权传给继承人。于是使用土地的微观经济单位对土地的关切程度将大大提高，土地的利用效率也将大大提高，更重要的是，这将导致农业生产者行为的长期化。

在土地国有化和微观经济单位长期使用土地的基础上，农业的规模经营将有较大的发展。要知道，在目前的土地集体所有和家庭联产承包经营的条件下，规模经济实际上很难收效。这不仅由于土地过于分散和农民对规模经营的意义还不够了解，而且由于农民的行为短期化，对土地的关切程度低，以至于对规模经营缺乏兴趣。因此目前只可能在少数地区，通过自愿协议，进行适度规模经营的试点。将来，如果实行了土地国有化条件下的占有与使用土地的制度，通过土地的出租与转让，耕地可以相对集中，并且由于农民对土地的关切程度增加了，他们经营农业的积极性提高了，以各种方式（包括不同程度的合作经济形式）形成的适度规模经营也必定会推广开来，这样，农产品供求的均衡趋势也将变得日益明显。

第九章

社会主义商品经济秩序的建立

第一节　社会主义商品经济秩序建立的必要性和困难

一、社会主义商品经济秩序的含义

根据本书第一章所述，社会主义经济体制可以分为传统经济体制、双轨经济体制和新经济体制三种类型。在这三类经济体制中，传统经济体制是产品经济体制，这种体制之下所形成的经济秩序是产品经济秩序；双轨经济体制是新旧经济体制的交叉、并存的过渡状态，这时，产品经济秩序仍然在某种程度上被维持着，而与新经济体制相适应的商品经济秩序则尚未完全建立，或者说，只是处于产生的过程中；而通过经济体制改革以后所建立的新经济体制，将是社会主义商品经济体制，同它相适应的经济秩序是社会主义商品经济秩序。

经济秩序是指人们在经济活动中所遵循的一定的规则。经济秩序建立了，人们都按照这些规则来行动，就可以避免出现经济中的混乱。即使经济中出现了各种各样的矛盾，人们也能够按照既定的规则来加以协调，作出处理。反之，如果经济缺乏秩序，经济活动是不规范的，社会各阶层的成员都对经济活动的前景失去信心，人人都感觉到自己是在一个极不确定的环境中进行活动，感觉到预期的利益、甚至财产本身没有保障，于是必定会出现行为的短期化。这不仅是指企业行为的短期化，而且包括个人行为的短期化、政府行为的短期化、社会行为的短期化。在缺乏经济秩序的情况下，经济的混乱，以至社会的动荡不安，都难以避免。

从这个意义上说，任何社会，任何时代，要使人们的经济活动正常化，都需要有一定的经济秩序作为人们行动的规范。哪怕是不利于经济发展的产品经济秩序，也比没有任何经济秩序的情况要好。换言之，经济生活中最使人们苦恼的，是无章可循，无规则可依；由于无章可循，无规则可依，人们在经济活动中没有稳定的预期，这样，人们甚至希望有任何一种经济秩序，哪怕是很不理想的经济秩序，因为这毕竟优于无经济秩序。

当前，处于双轨经济体制之下的我国经济，虽然不是毫无经济秩序可依，但实际生活中存在的，却是不完全的产品经济秩序和刚刚处于产生过程中的商品经济秩序。双轨经济体制与两种经济秩序（其中一种是过时的，但尚未退出经济领域，一种是与商品经济发展相适应的，但刚开始建立）的存在，不仅很不正常，而且对经济有害。“滞”、“胀”、“滞胀”以及资源配置的失调等等，都可以从这里找到部分的解释。因此，摆在我们面前的一项重要任务就是尽快建立适应商品经济发展的、适应即将建立的新经济体制的一套经济行为的规则，即建立社会主义商品经济秩序。

二、社会主义商品经济秩序与经济改革的深化

社会主义商品经济秩序之所以有建立的必要性，不仅在于这将使人们在经济活动中有章可循，有规则可依，从而避免因缺乏稳定的预期而导致的经济行为短期化，而且在于这是深化经济改革，也就是促进由双轨经济体制向新经济体制的转变所不可缺少的。

我们所要建立的新经济体制，是一个以自主经营、自负盈亏的企业作为微观经济单位的经济体制。商品经济秩序显然适应着这样的新经济体制。在新经济体制确立之后，存在于经济生活中并发挥作用的只可能是商品经济秩序。关于这一点，是不会引起疑问的。但在这里应当指出，当前之所以强调建立商品经济秩序，并不仅仅是为了同今后的新经济体制相适应，同样重要的是为了通过商品经济秩序的逐渐建立而加速由双轨经济体制向新经济体制的转变，使产品经济体制以及与之相适应的产品经济秩序较快地退出经济领域。这就是说，商品经济秩序的建立具有一定的超前性，通过一系列规则的建立可以加速市场的发育，加速企业的自我成长、自我约束的机制的形成。

正如我们已经了解的，在传统经济体制之下，经济处于非均衡状态；在双轨经济体制之下，经济也处于非均衡状态；即使在建立新经济体制之后，只要资源供给约束继续存在，那么这只表明经济的非均衡程度有所减轻，但经济的非均衡状态并未消失。在非均衡条件下，要让经济较顺利地由双轨经济体制过渡到新经济体制，至少要在以下三个方面深化经济改革。这三个方面是：第一，使企业改革深化，把尚未摆脱行政机构附属物地位的企业改造为自

主经营、自负盈亏的商品生产者；第二，使计划体制改革深化，以便较好地实现商品市场的配额均衡；第三，使政府职能有较大的转变，包括使政府作为资产所有者的职能同政府作为经济管理者的职能分离，并且使政府的经济管理逐步转向运用经济调节手段的管理。

建立商品经济秩序主要从这些方面来深化经济改革，促进由双轨经济体制向新经济体制转变。就上述第一个方面来说，使产权规范化，将改变企业的经济和法律地位，使企业转向为市场生产。在上述第二个方面，明确计划与市场之间的关系和确立政府、市场、企业三者之间关系的若干规则，就有可能使政府与市场在资源配置中的作用都得到比较充分的发挥，而在上述第三个方面，主要是明确政府的职能，为政府作为资产所有者和作为经济管理者的行为建立一定的规范。总之，在双轨经济体制时期就着手建立商品经济秩序，尽管不可能在这一时期内就使这一任务完成，但这对于早日从双轨经济体制过渡到新经济体制是有积极意义的。

三、社会主义商品经济秩序的建立与制度创新的关系

任何经济秩序的建立都需要用制度形式把一定的原则巩固下来。经济秩序体现在制度的成式上。这里所说的制度，有着较广泛的意义，即不仅包括国家立法所确立的制度，也包括民间约定俗成的若干规范。新的经济秩序的建立，意味着旧的经济秩序的消亡。新的经济秩序用一套新的制度来表现自己，因此，新的经济秩序对旧的经济秩序的代替，就是新的制度对旧的制度的代替。我们完全有理由把社会主义商品经济秩序的建立称做一系列制度创新。

制度创新是新旧制度的更替。同产品经济体制相适应

的产品经济秩序是体现在一系列传统的制度之上的。我们不妨从政府、市场、企业三者之间的关系来说明这种体现着产品经济秩序的传统制度的特征：

1. 政府与企业之间的关系。为了适应产品经济体制的要求，政府是企业的主管者。企业在人、财、物各方面都受政府支配，成为政府所属各个机构的附属物。企业没有自主经营权，更谈不上自负盈亏了。这一切都由一定的制度巩固下来。

2. 企业与市场之间的关系。在产品经济体制之下，不仅市场的范围极其有限，而且市场从性质上看也不是本来意义上的市场。企业与企业之间的经济活动，或者不通过市场进行，或者，即使通过市场进行，由于交易双方都缺乏可供选择的机会，所以市场是名不副实的。这些也体现在产品经济体制时期所建立的各种制度之上。

3. 政府与市场之间的关系。这种关系同样清晰地表明了在产品经济体制之下采用制度形式所巩固下来的市场从属于政府的关系。政府是市场的主宰者，这还不够，政府还以高度垄断者的身份直接操纵着市场，支配着市场。政府不仅从市场以外的各个方面获得了它所需要的资源，而且也从它所操纵、支配的市场中取走了它所需要的资源。

这就是用制度巩固下来的产品经济秩序。尽管这些用来确定产品经济秩序的制度是逐渐形成的，并且有些以法律形式出现，有些并不以法律形式出现，但它们足以保证产品经济体制下的经济按照一定的方式运转。当前，要建立社会主义商品经济秩序，正是需要通过制度的更替，用新的制度来置换传统的制度。无论在政府与企业的关系上，在企业与市场的关系上，还是在政府与市场的关系上，都需要有新的制度来体现与商品经济体制相适应的商品经济秩序。如果没有这种制度创新，商品经济秩序的建立无非是一句空话。因此，可以这样说，商品经济秩序的建立与体现着这种新秩序的建立的制度创新是同一回事。

四、社会主义商品经济秩序建立的困难

新旧制度的变更从来都是艰难的。这是因为，任何一种制度都代表着一定集团、一定阶级或阶层的利益，制度的变更过程同时也就是利益的调整过程和利益的再分配过程。旧制度虽然早已不合时宜，但却迟迟没有消失；新制度尽管符合生产力发展的要求，但它的产生却困难重重，这些全都与利益的调整和利益的再分配有关。当然，人们也许会提出一个疑问：比如说，以我国的情况来看，当初，50 年代初期，为什么产品经济体制以及与此相适应的产品经济秩序的建立比较顺利，比较容易，而 80 年代内，为什么商品经济体制以及与此相适应的商品经济秩序的建立却那么困难呢？既然建立一种经济秩序就是一种制度创新，为什么 50 年代内的制度创新同 80 年代内的制度创新相比，难易程度会很不一样呢？这是很有意思的问题，应当承认，除了前面已经提到的利益调整和利益再分配因素起着重要作用以外，这里还有另外的原因。

下面，准备从五个不同的角度对 50 年代内和 80 年代内经济秩序的变更和制度的更替问题进行比较。

第一，50 年代内，我国是从当时很不发达的商品经济体制转入产品经济体制的。

正是由于商品经济很不发达，因此当时转入产品经济体制和建立产品经济秩序要容易些。而 80 年代内，我国则是从高度发达的产品经济体制转入商品经济体制的，正因为产品经济已高度发达，因此转入商品经济体制和建立商品经济秩序相形之下要困难得多。

第二，50 年代内，从商品经济体制转入产品经济体制主要有赖于行政力量的运用。

历史表明，50 年代内，主要依靠政府自上而下地推行一系列旨在实行产品经济体制的政策（如农村的统购统销，城市的物资统配等），使产品经济秩序得以迅速建立。而在 80 年代，当经济从产品经济体制向商品经济体制过渡时，不仅不能再依靠政府自上而下地推行类似的扭曲产供销关系的政策，而且必须让企业和农村的生产者在市场中有自我发展、自我制约的可能性，必须让市场在自然发育过程中理顺各种经济关系，这样，从产品经济秩序的消失到商品经济秩序的建立只可能是一个缓慢的、自然发展的过程。

第三，与商品经济体制相比，产品经济体制具有一个明显的特点，即经济中存在着各种刚性。

要知道，在商品经济体制之下，由于存在着完善的或接近完善的市场，不仅价格是有弹性的，从而工资、利息、租金、就业是有弹性的，并且企业本身的地位和企业领导人的职务也是灵活的、可变的。这些弹性或灵活性、可变性使商品经济体制之下的经济活动具有充分活力。然而产品经济体制与此截然不同。在产品经济体制之下，价格是刚性的，从而工资、利息、租金、就业也具有刚性。不仅如此，企业本身的地位和企业领导人的职务也都没有灵活性。企业一经建立，几乎就注定要永久存在。即使是亏损的、入不敷出的企业，除非主管部门让它关闭，否则它将一直照常经营下去。而且，即使它被主管部门下令关闭了，从企业领导人直到固定工的职务仍被保留着，收入也不可能减少，企业领导人可能是易地做官，工人则可能易厂劳动。这种刚性是一切刚性中最难以使经济具有活力的刚性，我们不妨称之为“企业刚性”。正由于产品经济体制之下存在着种种刚性，尤其是这种“企业刚性”，所以从产品经济体制转入商品经济体制的道路决不是顺畅的。这一制度创新所遇到的阻力要比从商品经济体制转入产品经济体制大得多。

第四，从制度变更前后纯利益的对比来看，由商品经济体制转入产品经济体制同由产品经济体制转入商品经济体制是不一样的。

这时所说的纯利益，是指收益减去成本之后的余额。要知道，在进行任何一种制度创新时，倡议这种制度创新和从事这种制度创新的主体（这里可以指个人或团体，也可以指政府）总是考虑到预期纯利益将大于零，否则就会认为不必进行这种制度创新。但问题在于：制度创新的纯利益用什么标准来衡量，如何计算，特别重要的是，这些纯利益归于谁。50 年代内，当经济从商品经济体制转入产品经济体制时，倡议并从事这一制度创新的主体就是政府，并且只可能是政府，它认为预期纯利益显然大于零，而且纯利益是归于政府的，政府可以利用所得到的资源从事自己所希望从事的各种事业。80 年代内，当经济从产品经济体制转入商品经济体制时，政府仍然是倡议并从事这一制度创新的主体，或者说，在倡议并从事这一制度创新的各个主体中，政府居于首要位置。然而，这一制度创新的纯利益究竟有多大，纯利益究竟主要归于谁，政府能否通过这　纯利益的获得而掌握可以用于各种事业的资源，这些都是不确定的。只有根据制度创新本身的进程和商品经济秩序建立过程中的实际情况，才能对这些作出判断。这样，对于倡议并从事这一制度创新的政府来说，在有关走出产品经济体制和进入商品经济体制的政策选择中，必然不像当初摆脱商品经济体制和建立产品经济体制时那样果断，那样敢于决策。政府的迟疑、犹豫在一段时间内可能是难免的。

第五，再以倡议并从事制度创新的其他主体（即政府以外的主体）来说，在商品经济体制转入产品经济体制时的情况下与产品经济体制转入商品经济体制时的情况下，政府以外的其他主体所起的作用以及它们对待制度创新的态度是很不一样的。

在商品经济体制转入产品经济体制时，只有政府是制度创新的真正的主体，其他主体实际上并不存在，或者，其他主体（如企业与个人）只是挂了个制度创新的倡议者或从事者的名义，实际上丝毫不起主体的作用。于是在商品经济体制转入产品经济体制时，制度创新主体之间的关系是简单的，一切听命于政府这个主体，其他主体由于不起主体的作用，当然也就影响不了制度创新的决策与推行了。但在产品经济体制转入商品经济体制时，虽然政府依然是主要的制度创新主体，但它已经不是惟一的主体了，政府以外的其他主体同样起着倡议制度创新和从事制度创新的作用，于是政府同其他主体之间的关系变得复杂多了。这是因为，在构成商品经济秩序的一系列规则中，有些是依靠参加市场活动的企业和个人提出和实行的，市场活动的正常化也依靠企业和个人之间达成各种协议，订立各种合同来实现。也就是说，参加市场活动的每一个企业和每一个个人都是建立商品经济体制的积极因素，而不像在建立产品经济体制时它们只是被动的一方。既然商品经济体制的建立、从而商品经济新秩序的建立是包括政府、企业、个人都在内的所有的制度创新主体的自觉行动，因此这些主体之间的冲突与不协调也就是难免的。商品经济秩序建立过程之所以不像产品经济秩序建立过程那样顺畅，由此也可以得到一些解释。

以上所分析的这些充分说明，在产品经济高度发达的情况下，要建立商品经济体制以及与之相适应的商品经济秩序，任务是艰巨的，时间也必定是较长的。但只要走上了从产品经济体制转变为商品经济体制的道路，经济的这一前进趋势就已经难以逆转，这一制度创新也已经势不可挡。摆在我国经济学界面前的课题已经不仅仅是论证这一制度创新的必要，而主要是分析如何才能减少制度创新中的困难，使新的经济体制、新的经济秩序的建立较为顺利。

第二节　建立商品经济秩序过程中的利益调整问题

一、制度创新不同主体的预期纯利益

上一节中谈到了商品经济秩序建立过程中，制度创新的各个不同的主体都对制度创新的预期纯利益进行估计，各自从制度创新所能够带来的预期纯利益的大小作出判断，以决定在多大程度上参加制度创新的实践活动。在这里，可以先按政府、企业、个人三类制度创新主体的情况来论述。

（一）政府作为商品经济秩序建立过程中制度创新的主体

在从产品经济体制向商品经济体制转变的过程中，所要建立的商品经济秩序包括明确财产关系，建立各种市场的交易规则和制度，明确政府的经济部门的职能，使政府行为制度化、规范化等内容。在这些新的经济秩序建立后，政府将成为精干的、高效率的政府，它不再直接管理企业，而是通过经济调节手段来调节市场，并根据法律、法规和

政策来维持市场的正常运转。这与产品经济体制下政府的作用和产品经济秩序建立后政府所得到的纯利益有很大区别。

在产品经济体制下，政府通过不同途径所获取的资源可以达到最大限度，并且可以在社会每个时期所提供的资源中占据尽可能多的份额。政府的这种纯利益在商品经济体制建立后，毫无疑问是会减少的，财产关系明确以后，企业将保留一定的收入，而国家只是作为管理者取得税金和作为投资者取得应当归于自己的那一部分收入。政府既不可能通过财政渠道，又不可能通过货币发行渠道而使自己得到所希望得到的一切资源。商品经济秩序的建立在某种意义上说是对政府获取资源的方式和份额的一种制约。正如前面已经提到的，在制度创新中预期纯利益的下降使政府作为制度创新的主体有时迟疑不决。

但问题还有另外一面。如果政府曾经有过犹豫的话，那么这种犹豫是不必要的。动态地看，政府预期纯利益在商品经济体制建立后，不仅不会减少，而且将会增加。这是因为，商品经济的发展和新经济秩序建立后市场活跃的结果，会使企业和个人的收入都有较大幅度的增加，从而政府作为管理者而得到的税金以及作为投资者所得到的收入在总量上的上升是可以指望的。所谓政府预期纯利益下降的说法，只不过是以静止的眼光来看待政府收入在总收入中的份额的减少，它忽略了总收入的不断增长的趋势。

至于商品经济秩序建立以后政府获取资源的方式和份额所受到的制约，也不应该被看成是不利于政府的一件坏事。政府不受任何制约地获取资源，一方面会使资源运用不当，造成资源的低效率、无效率、负效率，另一方面也会使市场活动受到阻扰，使企业和个人的积极性大受挫折。此外，只要政府的行为（包括获取资源的行为）不受制约，那么政府及其工作人员很有可能走向腐败。

（二）企业作为商品经济秩序建立过程中制度创新的主体

对企业来说，与商品经济体制相适应的商品经济秩序，究竟意味着什么？归根到底，这意味着两点：第一，财产关系的规范化；第二，交易活动的市场化、契约化。企业作为商品经济秩序建立过程中制度创新的主体之一，它们的预期纯利益被估计为大于零，这种正值的预期纯利益就来自以上这两点。

通过财产关系的规范，企业（包括国营企业）的投资者就是资产的所有者，国家投资的部分由各级国家资产管理机构持股，企业自己的投资可以由企业基金会之类的机构持股，而资产的经营权则由作为经营实体的企业掌管。于是所有的企业都将真正成为自主经营、自负盈亏的商品生产者。企业之间是平等的法人关系，企业与作为投资者的政府之间是投资关系，企业与作为管理者的政府之间则是企业遵纪守法，照章纳税的关系。企业的预期纯利益将从三个方面增大。一是企业不再承担所规定的纳税义务以外的缴纳、奉献、摊派，更不接受主管部门的平调任务；二是企业可以利用自己的积累，使资产增值，使收入增加；三是企业可以利用自己所形成的企业基金同其他企业联合，参股，建立企业集团等等。总之，财产关系的规范化必然增大了企业的纯利益。

交易活动的市场化、契约化对于一切企业来说都是保证收入稳定增长的条件。企业在产供销活动中，总是根据预期价格、预期利润率、预期利息率作出安排的。不通过市场的交易、没有契约作为保障的交易，以及缺少公正裁决的交易纠纷，不仅会使企业缺乏稳定的预期，从而导致企业行为的短期化，而且必然增大交易成本，使企业的实际收入下降。正因为如此，所以企业作为商品经济秩序建立过程中的制度创新主体之一，在交易活动的市场化、契约化等制度创新活动中，必然采取主动的、积极的态度。这是同企业预期纯利益的增加有密切联系的。

由此可以得出一个结论：如果说在产品经济体制之下企业不能自主经营、自负盈亏，从而当时的任何制度创新都不能使企业预期纯利益增大，企业注定处于制度创新的被动者地位的话，那么在由产品经济体制转入商品经济体制之后，任何制度创新只要是涉及财产关系规范化和交易活动的市场化、契约化的，企业出于增加预期纯利益的考虑，倡议并推动这些制度创新就是不言自明的道理。

（三）个人作为商品经济秩序建立过程中制度创新的主体

作为商品经济秩序建立过程中制度创新的主体之一，个人起着三方面的作用：

第一，个人作为劳动者，显然同劳务市场秩序的建立直接有关，劳动力供求市场化、契约化的进程影响着个人预期净利益的变动。因此，个人以及代表作为劳动者个人的利益的团体，在劳务市场秩序的建立和这方面的制度创新上，不仅起着积极倡议的作用，而且对于新的经济秩序能否巩固下来也有着十分重要的意义。

第二，个人作为资金供给者，即储蓄者，是同资金市场秩序的建立直接有关的，个人最担心的是个人资金提供以后，不仅收入没有保障，甚至本金也没有保证。个人还担心在资金市场上受欺骗，受愚弄，担心发生违约事件。如果出现这类情况，个人是不愿提供资金的。因此，资金供求的市场化、契约化的进程影响着个人预期净利益的变动。个人要求在资金市场上有一定的制度创新，建立新的经济秩序。个人在这种制度创新过程中起着倡议者和支持者的作用。

第三，个人作为商品购买者，即消费者，也同商品市场秩序的建立直接有关。在非均衡条件下，由于资源供给的约束和需求的约束都在不同程度上存在着，商品的短缺或过剩现象也是经常出现的。特别是在商品短缺的场合，个人作为消费者既要担心商品质量的下降和价格的上涨，又为市场上某些垄断现象感到不安，这些都会使个人受到损失。因此，个人作为商品购买者，要求在商品市场方面有制度创新，要求建立商品市场的秩序，以减少自己可能遭到的损失，使个人预期净利益增加。个人是商品市场制度创新的积极倡议者和支持者，他们是推动商品供求的市场化、契约化的重要力量。

可以设想，在产品经济体制之下，个人在经济方面的各种要求都是受压抑的，至少是不受重视的。在产品经济体制之下，如果说当时有各种各样的制度变动，以便巩固产品经济秩序的话，那么个人纯粹是被动的一方，他们即使明显地感觉到现实纯利益、预期纯利益受到侵害，他们也无能为力。只有在从产品经济体制向商品经济体制转变的过程中，个人才有可能并有兴趣为增加自己的预期净利益而积极参预制度创新。

二、制度创新中不同主体之间预期纯利益的冲突

政府、企业、个人分别作为商品经济秩序建立过程中制度创新的主体，各自可以通过这些制度创新而增加自己的预期净利益。从总体方面来说，政府、企业、个人的利益应当是统一的。这种统一有两层含义，即一方面，只要

商品经济发展了，生产力水平提高了，整个国民生产总值扩大了，那么即使政府、企业、个人三者在总收入中的比例关系不变，三者的利益也都可以增加；另一方面，政府、企业、个人三者的利益是相互依存，彼此互为条件的，任何一方的实际利益受到损害，从长远来看，对另外两方的实际利益都没有好处。经济生活中的大量事例证明了三者利益的上述一致性。正是这种利益的一致，使得政府、企业、个人都具有建立商品经济秩序和在这一秩序建立过程中倡议、推动、实现制度创新的积极性。

但必须承认，政府、企业、个人作为商品经济秩序建立过程中制度创新的不同主体，它们之间的预期纯利益是有冲突的。比如说，在明确财政关系和政府的职能的基础上所形成的一系列有关工商管理、物价、工资、税收、审计等制度，对于政府、企业、个人三者的行为都是一种约束，政府、企业、个人三者都必须根据商品经济秩序之下的经济行为来预计自己的纯利益，而不能再援引产品经济体制之下的旧例来预计自己的纯利益。前一种纯利益与后一种纯利益在数量上是有出入的，由此就会造成纯利益的变动，造成社会各方面的利益再分配。又如，当资金市场、劳务市场、商品市场上的经济秩序建立起来之后，企业和个人在某一个市场上，或者此方是供给者，彼方是需求者，或者恰恰相反，此方是需求者，彼方是供给者。如果是在均衡条件下，每一个市场都达到了均衡价格，市场价格是均衡价格，并且只有在均衡价格水平才成交，供给量与需求量总是相等的，那么无论是供给者还是需求者都可以实现自己的预期纯利益，彼此的利益冲突也就不明显，甚至可以消失。但实际情形并非如此，因为即使在转入商品经济体制，建立商品经济秩序之后，在资源供给约束或需求约束继续存在的条件下，经济依然处于非均衡状态，市场的均衡价格实际上也是不存在的。这样，在市场活动中，企业和个人作为供给和需求双方，预期纯利益的冲突也就不可避免了。建立商品经济秩序这一事实只是防止供求双方的利益冲突激化，防止市场以外的因素对供求双方之间的利益有过大的干扰，以及防止非市场交易给供求之间的某一方带来过大的损失，但并不能消除彼此之间的利益冲突。非均衡条件下，即使明确了财产关系，即使做到了一切交易活动的市场化、契约化，即使每一个参加市场交易的企业和个人都是自主的、有利益制约的，但商品短缺或过剩现象的存在势必使得企业和个人之间的预期纯利益发生冲突。这是不依制度创新主体的意愿为转移的。

三、经济中的刚性与制度创新主体的利益冲突

前面在论述由产品经济体制向商品经济体制转变的困难时，曾经提到产品经济体制之下的“企业刚性”以及与此有关的工资刚性、就业刚性、福利刚性等等，这些刚性的存在使经济体制的转变特别困难。这在一定程度上也同商品经济秩序建立过程中制度创新主体之间的利益冲突有关。

从个人作为劳动者这一点来看，一方面，劳动力供求的市场化、契约化固然符合商品经济发展的需要，符合广大劳动者增加利益的要求，但另一方面，由于企业用工制度的改革、劳动岗位终身制的废除，以及容许企业对工人的辞退等经济秩序的建立，必然会有一些劳动者的利益与过去相比增加得较少，而另一些劳动者的利益与过去相比增加得较多，于是劳动者的收入差距扩大了。收入增加幅度较少的劳动者将有一种相对的失落感，这将成为劳务市场制度创新的阻力。

问题还不限于此。当改革企业用工制度，废除劳动岗位终身制，容许企业辞退工人，以及在某些情况下工人将成为待业人员的时候，企业与工人之间的利益冲突也会暴露出来。企业希望通过一系列制度创新来消除不合理的工资刚性和就业刚性，但工人（至少是在职的固定工）却会提出在一定程度上继续维持工资刚性和就业刚性，通常所说的“老人老办法，新人新办法”反映了这种情绪。这又是劳动市场制度创新的阻力。它不仅反映了企业与工人之间的矛盾，而且也反映了这部分工人与那部分工人之间的矛盾。

再从政府与企业、政府与居民之间在税收制度创新中的利益冲突来说，这也有助于说明制度创新的不同主体之间的矛盾的存在。要建立商品经济秩序，就应当使税收合理化、规范化，并运用法律、法规形式使之明朗，使之易于受检查，受监督。从这一点来看，政府与企业、政府与居民的利益是一致的，但究竟征收哪些税，税率定得多高，对偷税、漏税、滞纳税金的处罚规定以多大为合适，这些都有可能引起政府、企业、居民的不同态度。如果说这些制度创新主体之间有分歧的话，那么这种分歧就可以被理解为利益的冲突。还可以作进一步分析。假定把政府分为中央政府与地方政府，那么尽管二者都主张改革税收制度，建立新的税收制度，以促进经济的发展和保证财政收入的增长，但在中央税与地方税的划分上，在某些税的分配比例上，中央政府与地方政府作为不同的制度创新主体，仍有利益冲突。

事实上，在税收制度创新过程中的利益冲突同前面提到的“企业刚性”以及其他有关的刚性是有关的。企业一般说来希望在商品经济体制之下进行活动，自主经营和自负盈亏使企业对自己的前景产生了希望。然而，不少企业仍然忘不了产品经济体制下那种“不负亏”的状况，特别是在市场竞争中受到压力的场合，这些企业感到以往那种一切由政府包下来，“不使企业倒闭”的做法未尝没有好处。如果真的维持过去那种状况，那么无论政府决定征收什么税，税率定得多高，企业是无所谓的。政府与企业在税收问题上的矛盾也就淡化了。而在企业自负盈亏，并且有倒闭、破产的威胁的新经济体制中，企业必然要力争少纳税，多得税收优惠，以及弥补取消“企业刚性”之后所受到的损失。这就使企业同政府在税收制度改革中发生了明显的矛盾。此外，居民作为纳税人，同样会考虑到“企业刚性”以及其他有关的刚性曾经给自己带来的好处。在存在着这些刚性的产品经济体制之下，居民几乎不缴纳直接税，因此政府与居民在直接税问题上几乎没有什么利益冲突。但当经济从产品经济体制转入商品经济体制，并且在“企业刚性”以及有关的其他刚性也随之逐渐消失的情况下，居民对税收（尤其是直接税）的敏感的产生是可以理解的。居民会由此感到生活保障的不确定性，这是因为，在企业可能倒闭、破产，工资可能停发、打折扣或变动，就业可能失去稳定性，福利也可能受影响的环境中，如果实行直接税制度以及与之有关的措施（如个人收入申报、个人财产申报等），尽管起征点并不低，但居民从心理上会认为这是生活保障不确定性的增加，于是政府与居民在税收制度创新过程中的利益冲突也会明显地暴露出来。

除此以外，在金融制度创新、外贸制度创新等方面，都可以看到“企业刚性”以及其他有关刚性所引起的制度创新主体之间的利益冲突。以信贷来说，究竟是择优放款给企业呢，还是“为了不让企业倒闭，即使企业无效益，也必须给它们以贷款”？这就是政府、银行、企业、工人之间利益冲突的具体表现。无效益的企业当然寄希望于不合理的“企业刚性”，无效益的企业的工人当然寄希望于不合理的“企业刚性”以及与之有关的工资刚性、就业刚性。于是他们全都认为银行应当向无效益的企业放款。银行作为金融制度创新的主体之一，无疑是不同意这样做的。至于政府的态度，则比较复杂。从经济的角度来看，它认为银行有必要根据贷款的效益原则来选择放款对象，而从社会的角度来看，它又认为银行未尝不应当照顾一下无效益的企业以及在这些企业中工作的职工。金融制度创新主体之间的这种利益冲突，势必增大了制度创新的难度。对外贸易制度创新所遇到的困难也是相似的。由于“企业刚性”和其他有关的刚性曾经长期存在，所以要建立完全从事外贸的企业自负盈亏的制度，或者要让一切生产可供外销的产品的企业自由参加国际市场的竞争，即使政府认识到这样做的必要性，企业的经济效益的差别以及不同企业中的职工的不同态度仍会使这一制度创新遇到阻力。

以上所说的这些，再一次反映了商品经济秩序建立的困难。

四、政府在缓和制度创新的利益冲突方面的作用

尽管政府作为商品经济新秩序建立过程中制度创新的主体之一，并且是最重要的主体，但在缓和制度创新的利益冲突方面，政府不仅应该发挥自己的作用，而且也能够发挥这样的作用。这是由政府在经济生活中所处的地位决定的。

前面已经指出，在商品经济体制之下，政府作为管理者，起着调节经济和管理经济的作用；政府作为所有者、投资者，起着保护、占有和运用国家资产的作用。除此以外，政府作为全体人民利益的代表者，也就是国家利益的

代表者，负有协调国家利益、集体利益与个人利益之间的关系的责任。三者利益不一致时，政府要从全体人民的根本利益、长远利益的角度出发，对这种不一致之处加以协调。当然，这并不等于说国家利益可以代替集体利益和个人利益，也不等于说政府可以运用有损于集体利益和个人利益的方式来增加国家利益。政府在缓和制度创新的利益冲突时，必须从兼顾三者的利益方面着手。

政府在这些方面究竟可以发挥多大的作用？关于这一点，需要进行实事求是的分析。总的说来，政府的行为是非理想化的。政府所掌握的信息毕竟有限，政府对实际情况的判断不一定与事实完全相符，政府还难以控制经济生活中若干意想不到的事件的发生，再加上政策效应本身的滞后性和微观经济单位的预防性措施的作用等等，这都不能不影响政府在缓和制度创新的利益冲突中所作的努力，国家、企业、个人三者利益的兼顾决不是政府单方面的设想和努力就能完满地实现的。但即便如此，政府在这些方面的努力依然不能放松，政府通过自己的努力依然可能在缓和制度创新的利益冲突中起到一定的作用。这将通过以下途径表现出来：

1. 与建立商品经济秩序有关的一系列制度创新，应当以法律、法规的形式巩固下来。尽管这些制度创新在一定时期内有不完善、不成熟之处，但有制度优于无制度，有法律、法规可依优于无法律、法规可依。在制定法律、法规的过程中，政府应当多方面听取意见，择其善者而采纳。这些法律、法规应当是国家利益、集体利益、个人利益的共同体现。

2. 在制定与建立商品经济秩序有关的法律、法规之后，即使法律、法规本身是国家、集体、个人三者利益的体现，但在法律、法规执行过程中，却有可能忽视某一方的利益，从而造成制度创新不同主体之间的利益冲突。为此，政府应加强对法律、法规执行情况的检查、监督，使国家、集体、个人三者利益被有效地维护，使商品经济秩序得以在三者利益趋于协调的情况下建立起来。

3. 政府所采取的经济调节手段不仅有维持经济稳定和促进经济增长的作用，而且也有保证经济与社会协调发展的作用。兼顾国家、集体、个人三者的利益，缓和三者之间在发展商品经济和制度创新过程中的利益冲突，就是保证经济与社会协调发展的一项内容。因此，政府可以根据经济生活的实际情况，在以法律、法规为准绳的前提下，通过适当的经济调节手段的运用，避免三者之中的任何一方的利益受到损害。这也充分体现了政府的作用。

4. 在制度创新中，制度创新主体之间的利益冲突不仅指实际利益的冲突，而且也包括相对利益差距的扩大所引起的心理上的不协调。这就是说，三者之中的任何一方（尤其是企业或个人）如果感到自己所得到的利益没有另一方那么多，或者感到自己的利益的增长幅度没有另一方那么大，它就会认为自己是吃亏的一方，是受损失的一方。这种心理上的不协调在商品经济秩序建立过程中是难免的。任何一项制度创新都不可能使所有的受益者得到的利益完全相等，于是就难免引起某些方面的埋怨和抵触情绪。针对这种情况，政府作为高层次的经济调节者、全体人民利益的代表者，应当从思想教育工作、宣传工作上着手，使各方对于相对利益及其差距问题有比较正确的认识，以减少心理上的不协调。应当承认，政府进行这些教育、宣传要比不进行教育、宣传好得多。

五、制度创新不同主体之间利益关系的调整

政府作为法律、法规的制定者和执行者，作为经济调节者和管理者，固然有可能在商品经济秩序建立过程中缓和制度创新主体之间的利益冲突，但制度创新主体之间利益关系的调整，主要有赖于交易活动的市场化、契约化。即使经济在摆脱传统经济体制和双轨经济体制之后仍然处于非均衡状态，即在一定时期内仍然遇到市场不完善或资源供给约束、需求约束等限制条件，但只要实现了交易活动的市场化、契约化，制度创新不同主体之间的利益关系自然就会在交易活动中得到调整，而且这一调整的结果将是交易双方都可以接受的。因此，对市场化、契约化的意义和作用的认识，是了解社会主义商品经济秩序建立过程中制度创新问题的关键所在。

为什么市场化、契约化能够起到这样的作用？为什么市场化、契约化在调整利益关系中的作用是政府所不能替代的？让我们从以下四个方面来加以说明：

第一，根据市场在资源配置中的作用可以清楚地了解到，利益关系之所以能在交易活动的市场化、契约化中得到调整，是同公平竞争的市场机制建立有关的。

这里所说的公平竞争，当然具有相对的意义，因为绝对的公平竞争不仅在非均衡条件下难以实现，而且在均衡条件下也只可能是纯理论上的假设。对于我国的企业和个人来说，能够通过商品经济秩序的建立而建立起相对公平竞争的市场机制，已经相当不错了。假定有了相对公平竞争的市场机制，那么除了极少数地区、部门和企业需要享受特殊照顾以外，一般而言，各个地区、各个部门、各个企业被置于同等的位置上，起点将是公平的。那种只给某

个地区以特殊的优惠，给某个部门以廉价的原材料和能源供应，以及给某个企业以价格上的照顾等等情况，将不再存在。一种政策，对所有参加市场活动的单位都是适用的。这样，即使由于竞争的结果而产生利益上的差别，那么市场活动的参加者将认为是可以接受的。

第二，交易活动的市场化、契约化对于一切参加者说来，有一个共同的利益所在，这就是彼此全都可以有较稳定的预期。

要知道，企业行为的短期化、个人行为的短期化，以至于政府和政府官员的行为短期化都同经济前景难以预测有关。既然经济前景难以预测，那么行为的短期化也就不可避免。从参加交易活动的企业和个人的角度来看，在不稳定预期的条件下进行活动，最大的损失就是难以对成本与收益进行有效的估算，从而有可能错过适宜的投资机会、盈利机会，有可能在原来不应该遭受损失的场合受到损失，有可能导致经营信心的丧失。如果建立了商品经济秩序，使交易活动纳入市场化、契约化的轨道，那么随着交易参加者彼此较为稳定的预期的产生，这些方面的损失就有可能大大减少。在较为稳定的预期的前提下，利益关系的调整是与各方尽可能减少不应有的损失结合在一起的，也是与各方通过对成本与收益的有效估算而作出合理的投资、经营战略部署结合在一起的。

第三，通过交易活动的市场化、契约化，交易成本将会明显地下降，这对于每一个参加市场的单位（包括企业和个人）都意味着预期纯利益的增加。

交易成本是指在市场的交易活动中，因得到市场服务部门所提供的劳务而付出的成本。除运输成本以外，组成交易成本的还有信息成本（即为取得市场信息而付出的成本）、合同谈判成本（即为订立合同而进行谈判而付出的成本)、合同履行成本（即为了使合同实现而付出的成本）等。交易成本总是随着市场规模的变动而变动。市场越完善，越发展，每个企业为取得信息和订立、履行合同而付出的边际成本就越少。换言之，平均每个单位产品所担负的交易成本，随着市场规模的扩大和完善而呈递减的趋势。如果交易活动不采取市场交易的形式，而在市场外进行，或者，如果交易活动不采取契约的形式，从而对于交易双方都不具有约束力，那么无论是企业还是个人都将为此付出较多的交易成本。这不仅对参加交易活动的企业和个人是直接的损失，而且对整个国民经济十分不利。这是因为，交易成本的不断下降是促进经济增长和国民生产总值增长的因素之一，而在经济增长和国民生产总值增长的格局中，利益关系的调整要比在经济停滞和国民生产总值不变的格局中容易得多。这就是通过交易活动的市场化、契约化而降低了的交易成本对制度创新各个不同主体的共同利益。

第四，在交易活动市场化、契约化的条件下，只要生产要素可以自由流动，只要财产关系明确，那么单位投资的平均收益率就会有逐渐接近的趋势，这也是调整制度创新不同主体的利益的途径之一。

用静止的观点来看，商品经济秩序建立过程中，由于某种制度上的安排或由于某些历史上的原因，各个不同的制度创新主体之间在利益分配方面可能会有所冲突，甚至每一方都认为自己的利益较少，认为另一方的利益较多。这种冲突是难免的，但在静态的经济环境中，除非通过政府的某种经济调节，把这一方的一部分利益转移给另一方，否则很难调整利益关系。然而，如果真的按这种方式进行利益的调整，肯定又会产生新的矛盾，使另一方不满意。但用动态的观点来看，那些利益的矛盾是会在单位投资的平均收益率趋于接近的情况下渐渐缓和的。交易活动的市场化、契约化将促进生产要素的自由流动，也就是促进平均收益率的接近，这对于各个制度创新的主体来说，具有一定的公平性。当然，在交易活动市场化、契约化的条件下，不同投资者的收益差别始终存在着，而且收益的差别还会扩大。试问，这与前面提到的单位投资的平均收益率有接近的趋势这一点是不是抵触呢？为什么一方面认为单位投资的平均收益率有接近的趋势，另一方面又认为不同投资者的收益差别会扩大呢？其实，这是不抵触的。

当我们说在交易活动的市场化、契约化的条件下单位投资的平均收益率有接近的趋势时，这是就生产要素的自由流动（包括资金的自由转移）所产生的成本一体化、价格一体化、收益一体化的总趋势而言的。

当我们说在交易活动市场化、契约化的条件下不同投资者的收益差距会扩大时，则是考虑到新投资机会的出现和被利用、新产业部门的兴起、新技术的应用、新市场的占领，以及新的经营管理方式的推行等等所导致的结果，这与单位投资的平均收益率的接近并不矛盾。在许多场合，这两种情况代表了一个过程的两个不同阶级，即在不同投资者收益差距扩大之后，有一定的滞后期，然后进入收益一体化的阶段。而当单位投资的平均收益率接近时，又会有新投资机会、新产业部门、新技术、新市场、新经营管理方式的出现，于是再度出现不同投资者的收益差距扩大。

经济运动的过程基本上是按这种顺序进行的，因此一方面，制度创新不同主体的利益冲突在交易活动市场化、契约化条件下有可能得到缓和（这正是单位投资平均收益率趋于接近的结果），另一方面，各个不同的投资者会因新投资机会的出现和被利用等等原因而拉开收益的差距。但正因为这种收益差距的扩大是同新投资机会的出现和被利用等联系在一起的，从而体现了市场竞争及其所造成的结果，体现了某种程度的公平性，这一结果一般说来会被参加市场活动的各方所承认和接受。而且，在市场活动中，只要建立了经济秩序，只要竞争是比较公平的，那么任何一个投资者都可以利用新投资机会，得到追加的利益。这种获得追加利益的可能性也有助于减少因收益差距扩大而引起的心理的不协调。

以上从四个不同的方面分析了交易活动的市场化、契约化在调整制度创新不同主体之间的利益关系中的作用。这四个方面实际上是联系在一起的，它们说明了一个重要的问题：在非均衡条件下，既然制度创新主体之间不可避免地会出现利益冲突，而政府在调整这些利益关系方面的作用又受到一定的限制，那么无论在理论上还是实践中，都应当主要依靠市场本身来对各方的利益进行调整，使彼此的利益冲突有所缓和。

第十章

制度创新的规范化

第一节　政府在制度创新规范化中的作用

一、商品经济秩序建立过程中的违约现象

在商品经济发展过程中，如果交易活动不采取市场化、契约化的形式，那么经济的发展显然要受到阻碍。关于这一点，前面在论述商品经济秩序建立和制度创新问题时，已经作了分析。现在要考察的是：即使交易活动采取了市场化、契约化的形式，但违约现象却经常发生，那又会给商品经济带来什么样的影响呢？怎样才能解决这些违约事件呢？

违约的后果是很明显的。这不仅使当事人的现实利益受到侵害，更重要的是导致不稳定的预期的增长，从而阻碍以后的交易的进行，阻碍经济联系的扩大。具体地说，假定交易活动中的违约现象增多，以至于对于契约形式的

交易产生不信任感，这就会促成现金—现货交易在交易中所占比重的扩大，而现金—现货交易所占比重的扩大恰恰是同商品经济的总的发展趋势不适应的。

导致交易中的违约有多种因素。当经济处于双轨经济体制之下的时候，行政机构对企业和个人经济活动的干预、价格的较大幅度波动、资源供给约束对产品供给的不利影响、与非市场化和非契约化的交易活动有关的追加利益的存在、社会习惯势力对企业和个人经济活动的阻扰，以及对不履行契约的法律约束的缺乏等等，都会导致交易中的违约。双轨经济体制之下经济发生的撕毁承包合同、租赁合同、订货供货合同等现象，或拖欠货款、债款和拒付货款、债款等现象，基本上是由上述因素造成的。当然，在对交易中的违约现象进行分析时，需要区分故意违约和被迫违约这两类不同的情况。但无论哪一种情况的出现，都再一次说明了建立商品经济秩序和在交易活动中进行制度创新的必要性和迫切性。

当经济从双轨经济体制转入新经济体制之后，只要经济仍然处于非均衡状态，即只要资源供给约束或需求约束的情况依旧存在，那么故意违约或被迫违约的现象仍会出现。故意违约在很大程度上同非市场化和非契约化的交易活动所提供的追加利益的存在有关，而这种追加利益的存在又是资源供给约束或需求约束所促成的。在被迫违约的场合，即使违约一方并非旨在获取追加利益，但这仍然同资源供给约束或需求约束的存在有密切联系。由此可见，要消除交易活动中的违约现象，不仅有赖于商品经济秩序的建立，有赖于相应的制度创新，而且也有赖于经济的非均衡程度的不断减少。

二、作为制度创新主体的政府

前面，在谈到建立商品经济秩序的必要性和调整商品经济秩序建立过程中的利益关系时，都对政府作为制度创新主体的作用作了论述。可以对这种作用作如下的概括，这就是：要建立商品经济秩序，必须制定并执行一系列法律、法规，即以交易活动的市场化、契约化来说，这也必须以一定的法律、法规为基础，因此，政府作为制度创新的主体，在制定有关的法律，法规并且在执行这些法律、法规方面发挥自己应有的作用。那么，专就阻碍着商品经济发展的交易活动中的违约现象而言，政府作为制度创新主体，它的作用究竟表现在哪些方面呢？

首先，政府作为交易活动中缔约的一方，必须遵守契约的规定，尊重契约的严肃性，实际上也就是尊重缔约的另一方的地位和权利。交易活动中的契约对双方都具有约束力，政府作为缔约的一方绝非处于高踞于他人之上的地位。政府出面来撕毁合同、撤销合同、违背合同规定等行为，是与商品经济秩序不相容的。政府必须自身成为遵守契约的模范，才能对社会尊重契约的行为起示范作用，也才能具有处理社会上契约纠纷问题的权威性。

其次，考虑到交易活动中的违约事件的发生在若干场合与财产关系不规范等情况有关，因此，政府作为制度创新的主体，在关于建立商品经济秩序的制度创新方面，有必要从规范财产关系着手，加强这方面的立法，并严格执行这些法律，这样就有可能消除某些违约事件。这是因为，正如前面已经一再提到的，如果财产关系不规范，企业的法人地位就难以被确认，企业在交易活动中就难以独立负责，这就为交易活动中的违约造成了各种理由。所以说，在建立商品经济秩序的过程中，关于财产关系的制度创新是最重要的制度创新之一。对违约现象的分析从另一个侧面说明了这一点。

再次，考虑到交易活动中的若干违约事件属于故意违约之例，而造成故意违约的一个重要原因是经济中存在着违背契约就可以轻易地获得追加利益的可能性和现实性。对于诸如此类的违约现象，不能单纯从教育的角度来寻找对策。对缔约的任何一方，不仅需要有道德的约束（即通过所说的“商业信义”的约束)，更重要的是需要有法律的约束、经济的约束。政府作为制度创新的主体之一，有必要在维护市场正常秩序和保证契约的履行方面制定有关的法律、法规。如果违约一方经济上的赔偿与受到的处罚大大超过因故意违约而获取的追加利益，以至于每个原来准备故意违约的交易活动参加者不得不重新考虑违约的成本与收益之比，这样也就可以减少违约事件的发生了。

最后，政府作为制度创新的主体，还应当通过立法来消除或减少任何第三方对交易活动中缔约双方的行为的干扰。这种来自第三方的对契约履行过程的干扰，往往是造成违约的另一个原因。应当强调，只要契约本身是符合法律的，那么政府就有责任使契约的履行过程不受局外的干扰。政府的责任在于维护公众的利益，维护市场的公平竞争，防止和取缔交易活动中所出现的违法现象、欺诈行为。如果交易活动中确实存在着这些情况，或者所缔结的契约中有诸如此类的内容，那么也应当通过法律的程序来加以解决，而不能由某个第三者横加干预。

以上关于政府在维护交易活动的市场化、契约化的作用的分析，是从政府作为制度创新主体的角度出发的。但政府的作用不限于此。政府作为经济纠纷裁决者的作用几乎同样重要。

三、作为经济纠纷裁决者的政府

随着经济从双轨经济体制向新经济体制的过渡，政府在交易活动中作为缔约的一方出现的情况将会大大减少。这不仅由于政府的职能转变，即政府作为国家资产所有者的职能同政府作为经济管理者的职能将区分开来，政府对经济的管理将由直接的管理逐步转变为间接的管理等等，而且由于通过财产关系的规范化，国家在某一企业的具体的资源同整个国家的资产区分开来了，某一企业的具体资产的代表者只是这个企业的法人代表，而不再是政府。这样，在租赁合同、承包合同上的国家资产利益的代表者，也就不再是政府主管部门，而是作为出租方（或承租方）、发包方（或承包方）的某个公司、某个具体经济单位。再说，在经济中，各种供货合同、销售合同、借贷合同的签约者也不再是政府主管部门，而是代表国家资产利益的某个公司、某个具体经济单位。应当说，这种情况是正常的，是符合商品经济的性质与商品经济的发展趋势的。

在这样一种新的经济体制之下，政府作为经济纠纷裁决者，在维护交易活动市场化、契约化中的作用将大大突出。当交易活动中出现违约纠纷时，不管它们是属于故意违约还是被迫违约，都需要得到合理的解决。民间的调解工作当然具有一定的重要性，但政府根据法律对契约中的纠纷进行公正裁决，始终是维持商品经济秩序的有力保障。公正裁决的标志就是以法律为尺度，严明契约的责任，对违约一方采取应有的制约措施，并尽可能降低合同的履行成本，减少契约纠纷给予当事人造成的经济损失。

当政府以经济纠纷裁决者的身份出现，并取得参加交易活动各方的信任时，商品经济的运行也会顺畅得多。以前，由于政府的职能没有转变，政府在许多场合以直接参预者的身份出现，并以直接管理方式来干预经济活动时，一旦经济活动中发生了纠纷，矛头全都对准了政府。政府成了被责难的对象。比如说，企业与工人之间发生了纠纷，工人便把企业同政府视为一体，工人与企业间的纠纷（如工资纠纷、解雇纠纷等）就变成了工人与政府间的纠纷；又如，供货企业与购货企业之间发生了纠纷（供货企业不按时按量供货，或购货企业不按时按量付款等），受损失的一方也往往把违约的一方同政府视为一体，这样的纠纷也把政府拉扯到里面去了。在传统经济体制和双轨经济体制之下，这种情况是难以避免的。而在建立商品经济秩序之后，情况肯定会发生变化。如果企业与工人之间因工资或就业问题有了纠纷，那么纠纷仅仅在企业与工人之间存在。当企业与工人之间的纠纷不能得到妥善的解决时，政府便以经济纠纷的裁决者身份出现，处理这一纠纷。同样的道理，当企业与企业发生纠纷，企业与居民发生纠纷时，政府也不介入，只有在这些纠纷得不到妥善解决的情况下，作为经济纠纷裁决者的政府才出现，并着手处理纠纷。由此可见，要保障商品经济的正常运行，作为经济纠纷裁决者的政府可以发挥自己应有的作用。

四、社会主义商品经济中的垄断现象和政府的对策

即使经济由双轨经济体制转入了新的经济体制，在我国所形成的市场也不可能是完全竞争市场，关于这一点，前面已经说明。既然所形成的市场不是完全竞争市场，那就意味着商品经济中的垄断现象是始终存在的。我们只能认为，新经济体制下的垄断现象将少于传统经济体制和双轨经济体制之下，并且垄断现象对经济所带来的损害也将

小于传统经济体制和双轨经济体制之下。

为什么会得出这样的论断？难道商品经济秩序还不足以根除经济中的垄断现象么？难道就不可能进行保证取缔经济中的垄断现象的制度创新么？提出诸如此类的疑问是完全可以理解的。但根据我们对于非均衡经济的分析，以及对于政府行为非理想化的分析，实际上已经对这些问题作出了回答，即社会主义商品经济中的垄断现象的出现有其经济上的原因，它们既不是单纯依据某种道德的或政治的因素就能加以充分解释的，也不可能仅仅从道德或政治上着手就足以使它们匿迹。

社会主义商品经济中垄断现象产生的最根本原因在于某些资源的稀缺性以及由于这种稀缺性而导致的独占。这是因为，如果资源是充裕的，那么也就不可能形成对这些资源的独占；只要一切经济活动的参加者都有同等的机会利用这些资源，那就必然是公开的、充分的竞争，经济中的垄断现象也就自然而然地失去了存在的依据。在社会主义经济中，垄断，归根到底是对资源的垄断、对生产要素的垄断。经济活动的某些参加者只要垄断了资源，垄断了生产要素，就能垄断地利用这种生产要素生产出来的产品，对它们实行垄断价格。对市场的垄断实际上也就是对资源的垄断，这不仅因为任何产品本身都可以被看成是一种资源，而且因为任何产品既然都是由一定的资源转化而来的，所以任何产品也都可以被看成是一定的资源的体现。因此，只要垄断了某种资源，就可以垄断某些产品，垄断这些产品的市场。

在经济处于传统经济体制和双轨经济体制之下的时候，由于资源稀缺而导致的垄断处处存在。当然，这时还存在由于其他因素而造成的垄断。例如，国家使某些部门、某些企业甚至某些个人处于经济上的特殊地位，或者，某些部门、某些企业甚至某些个人利用行政的权力而在经济方面占据了一定的垄断地位等等，这些都是常见的。商品经济秩序的建立和有关公平竞争的制度创新，目的正在于消除上述垄断现象。但这些方面的努力充其量也只能使上面提到的其他因素所造成的垄断现象消失，比如说，今后国家不再使某些部门、某些企业、某些个人处于经济上的特殊地位了，国家禁止某些部门、某些企业、某些个人利用行政的权力在经济方面占据一定的垄断地位了。但由于资源稀缺而导致的垄断现象，却不是只靠商品经济秩序的建立或通过有关的法律就能消除的。资源稀缺导致的经济中的垄断，可以存在于新经济体制之下。

这说明在商品经济秩序建立后的新经济体制下的市场，仍然是有着不同程度垄断的市场。不同产品市场的垄断程度不会一样，有的市场的垄断程度较高（如矿产品市场、重型机器市场、化工原料市场），有的市场的垄断程度较低（如轻工业品市场）。还有的市场接近于完全竞争市场（如某些农产品市场），有的市场则几乎是完全垄断市场（如某些公共服务市场）。政府应当注意到这些市场的特点，设法减少经济中仍然存在的垄断现象可能带来的损失。

一般说来，在商品经济秩序建立后，为了减少由于资源稀缺而导致的垄断对经济带来的损失，政府可以采取以下四方面的对策：

第一，政府应当了解经济中的不少垄断现象是由于资源稀缺所引起的，因此，政府有必要根据资源的不同稀缺程度，制定稀缺资源的占有和利用的法律、法规，尽可能造成占有和利用稀缺资源的公平竞争机会，而不应当让某些企业或个人具有对稀缺资源占有和利用的特殊机会，再由它们根据对稀缺资源的特殊占有和利用而形成经济中的垄断。

这就是说，虽然资源的不同程度的稀缺难以避免，但占有和利用这些资源的机会则应当是均等的。除了某些与国家安全等有密切关系的资源的占有和利用需要作特殊处理以外，一般来说，在涉及资源稀缺的经济领域内，应当通过市场竞争，选择条件最适合的企业来占有和利用这些资源。例如，用公开招标投标的方式使条件最适合的企业成为某一项目的投资者或某一产品的生产经营者。

需要指出的是，在若干领域和若干行业中，不一定会出现无数个或许多个竞争者参加角逐的情况。这是因为，根据不同领域和不同行业的生产技术或经营的特点。对竞争者的条件有一定的限制，比如说，资金规模和技术水平都会构成对参加竞争的企业的限制，达不到一定资金规模和一定技术水平的企业自然被排除在竞争之外。但这并不等于否认机会均等原则。要知道，在生产要素流动和自由组合的情况下，如果达不到一定资金规模和一定技术水平的企业采取联合的方式（合并或联营），那么同样有参加角逐的机会，也就是有中标的可能性。

第二，即使占有和利用稀缺资源所进行的生产和经营是通过机会均等条件下的竞争而形成垄断的，但考虑到这种垄断所造成的垄断价格和“垄断利润率”高于完全竞争条件的市场价格和平均利润率，因此政府有必要采取一定的措施，使“垄断利润”的一部分归于财政，并利用这笔收入作为公共基金。

政府以这种方式来对待由于资源稀缺而导致的垄断，是符合资源配置的补偿原则的。① 这是因为，如果“垄断利润”来自对稀缺资源的占有和利用，那么政府向占有稀缺

① 参看厉以宁：《社会主义政治经济学》，商务印书馆，1986年版，第365～371页。

资源和利用稀缺资源而获取“垄断利润”的企业征收，诸如资源税、调节税之类的税金，将有助于社会经济的协调发展，并有助于稀缺资源的使用效率的提高。问题是，在这种场合，政府是否应该使占有和利用稀缺资源的企业也保留一部分“垄断利润”，即政府是否应该只征收“垄断利润”的一部分，而不把超过平均利润的那部分全部归于政府？根据前面已经提到的必须通过机会均等条件下的竞争才能占有和利用稀缺资源的情况，尤其是企业在占有和利用稀缺资源而进行生产和经营的过程中，需要为组织生产要素而投入一定的追加资源等情况，政府只能取走“垄断利润”的一部分，而不应把超过平均利润的部分全都取走，否则将会使企业失去在这一领域内竞争和经营的积极性，同时也不利于资源利用效率的不断提高。

第三，考虑到资源是多种多样的，不同资源的稀缺程度不同，不同资源的稀缺性形成的原因和途径也不同，因此，政府在对由此而形成的“垄断利润”进行调节时，要按照具体情况制定不同的调节方式，政府在这方面所征收的调节税税率也应有所区别。

我们不应当把资源仅仅理解为自然资源。自然资源具有稀缺性，从而对这些自然资源的占有和利用可以形成垄断，对这一点，较易于理解。但除自然资源以外，其他资源同样存在稀缺问题。例如，技术、信息都是资源，新技术和新信息都是稀缺的资源。又如，劳动力对特定的地区和产业部门来说，或者，资金对特定的地区和时期来说，也可能成为稀缺的能源。因此，一个企业，如果掌握了其他企业所不具有的新技术和新信息，那么它就有可能凭借这种稀缺资源的优势而处于垄断地位，并由此获得“垄断利润”。一个能在劳动力或资金较为稀缺的地区得到劳动力供给和资金供给的企业，也同样有可能获得某种“垄断利润”。对于这种“垄断利润”，政府就应当采取与对待占有和利用稀缺的自然资源而获得的“垄断利润”不同的态度。政府的制定税率或其他调节措施时，应当采取比较宽松的做法，即容许那些因掌握新技术、新信息而获得“垄断利润”的企业，以及那些因得到充足的劳动力供给和资金而获得“垄断利润”的企业，把较多部分的“垄断利润”保留在自己手中，政府只取走较少的部分，甚至在一段时间内不征收调节税。如果不这样区别对待，显然是不公平的，并且还将挫伤企业掌握新技术和新信息并用之于生产经营的积极性，挫伤企业在劳动力和资金供给比较紧张的情况下通过自己的努力而获得较多劳动力和资金，并把它们组织到生产经营中去的积极性。

第四，由于某种资源的稀缺而导致的垄断会有一个逐渐减弱的过程。但应当注意到，在因这种资源的稀缺而导致的垄断减弱的同时，因另一种资源的稀缺而导致的垄断却会产生，从而经济中始终存在着垄断现象。因此，政府有必要在了解某种垄断减弱和另一种垄断产生的原因的前提下，根据经济中的实际情况，采取调节措施，顺应垄断减弱和垄断产生的趋势，把垄断可能造成的损失减少到尽可能小的程度。

为什么由于某种资源的稀缺而导致的垄断会逐渐减弱？这可以按照不同的资源的特点来加以说明。如果是因掌握新技术和新信息而形成了垄断，那么毫无疑问，新技术和新信息迟早将传播开来，一旦传播开来以后，它们就不再是稀缺的资源了，从而也就难以再凭借这种稀缺资源而居于垄断地位了。如果是在劳动力或资金比较紧张的情况下，由于得到了劳动力或资金的充裕供给而获得了垄断地位，那么这种垄断也不可能永久存在。这是因为，在商品经济体制之下，劳动力和资金都是可以流动的，利益原则对劳动力和资金的流动起着导向作用。一旦劳动力和资金按照利益原则而流动，原来因劳动力和资金因素的作用而形成的垄断必定会减弱。

问题比较复杂的是因自然资源的稀缺而形成的垄断。与技术、信息、劳动力、资金的情况不同，自然资源供给的有限性很可能使得占有和利用这些自然资源的单位长期居于垄断地位。但要知道，只要有一个竞争的经济环境，只要关于自然资源的代用品的科学技术研究不断取得成就并不断被应用于实际，那么因占有和利用某种自然资源而形成的垄断仍有减弱的可能性，而需求价格弹性的作用也会使由此而形成的垄断价格不可能一直上升，不可能是只由供给一方单独决定的价格。尽管因自然资源而导致的垄断的减弱过程通常是相当缓慢的，但这种垄断在经历一段时间以后而逐渐减弱的趋势则是不可避免的。

根据这些情况，政府的对策必须是灵活的，从维护公平竞争的立场出发，政府应当鼓励新技术的开发和传播，帮助新信息的推广，以促进与技术资源和信息资源有关的垄断的逐渐减弱。政府还应当通过经济调节手段来调节劳动力和资金的供求，为这两种资源的流动创造条件，以促进与这两种资源有关的垄断的逐渐减弱。对于与自然资源有关的垄断，那么政府可以采取的措施主要是鼓励代用品的研究、试制、投产和推广，以及尽可能去发现新的资源，增加这些资源可供利用的数量。如果政府采取了以上这些措施，因资源稀缺而形成的垄断的逐渐减弱的过程就会适当地加快，这无论对于国民经济的发展还是对于需求者都是有利的。即使对于某些通过机会均等的竞争而占有和利用某种稀缺资源的企业来说，也不是没有好处的。这样一来，某些资源稀缺而处于垄断地位的企业仍然会感到自己置身于市场竞争的环境之中，它们必须继续致力于提高自己的竞争能力，而不能躺在已经获得的垄断地位之上，单纯依靠这种垄断地位而舒舒服服地过日子。

正如前面已经提到的，在某些垄断逐渐减弱的同时，又会有另一些垄断产生。它们或者是因自然资源的稀缺，或者是因新技术、新信息等等的掌握而产生的，这样，政府在对待垄断方面所起的作用实际上是双重的，即一方面，政府要促进已经形成的垄断的减弱趋势，另一方面，又要对新产生的垄断进行适当的调节，包括收入的调节，只要经济处于非均衡状态，只要资源的有限供给仍然是形成垄断的原因，那么垄断现象就会一直存在，政府对待垄断的应有的对策就是上述的双重对策。

第二节　制度变型与制度创新规范化

一、制度创新中的两类制度变型

在建立商品经济秩序的过程中，与制度创新有关的一个值得注意的问题，就是制度的变型。制度变型是指：一种按照制度创新主体原来的设计而出现的制度创新，或者在它产生的过程中，或者在它形成后不久，就发生了变化，同原来的设计有较大的差异，从而起不到它本来应当起的作用。比如说，在企业制度创新方面，原来设计的租赁制、承包制、股份制等等都是既考虑到所有者的利益，又考虑到经营者的利益，并且力求在经济发展过程中使企业具有较大活力的，但在实际生活中，却发现租赁制、承包制、股份制都有不同程度的变型，同原来的设计有一定的出入。又如，在市场制度创新方面，原来设计的关于促使流通渠道通畅，保证公平竞争的实现，以及有利于生产要素转移和重新组合的若干新制度，一旦产生之后，也在不同程度上变型了，有的甚至成为阻碍流通，阻碍公平竞争，或阻碍生产要素转移和重新组合的制度。这些都可以称为制度变型。

制度变型分为全部的和局部的。这既指一种旨在建立商品经济秩序的制度本身的全部变型或局部变型，也指这种制度在不同的地区和部门全部变型或局部变型。但即使是某个地区和某个部门内发生了某种制度的局部变型，那么这也是值得研究的课题。人们会思考：为什么在其他地区和部门不曾发生制度变型，而偏偏在这一地区和部门发生制度变型呢？为什么有的制度在创新以后没有变型，而有的制度却会变型呢？为什么同一种制度在不同地区和部门变型的程度很不一样呢？对制度变型问题的研究将有助于制度创新问题研究的深化。

再作进一步的分析，不难发现，制度变型并不一定是坏事，即它可能是坏事，也可能是好事。在这里，评判好与坏的标准是有助于商品经济秩序的建立与否。既然我们所讨论的制度创新是指那些旨在建立商品经济秩序的制度创新，那么评价制度创新效果的标准显然就在于能否符合预定的建立商品经济秩序的要求。制度创新主体对某一具体的新制度的设计究竟能否符合预定的要求，必须由实践来检验。这样就不排除下述情况的出现，即制度创新过程中或制度创新以后，原来关于制度创新的设计同实际情况有出入，从而在实行中发生了变型，这种制度变型反而比原来的设计更符合预定的建立商品经济秩序的要求，并且它有助于修改原来的设计，使创新后的制度完善化。这样的制度变型，不管是全部变型还是局部变型，都应该被认为是好事。但在这里我们要着重考察的，并不是这一类制度变型，而是另一类有碍于商品经济秩序建立的制度变型，即那些可以被称为坏事的制度变型。对于这一类制度变型，不妨用一个贬义词来表示，即称之为“制度的走样”或制度创新的不规范化。如果用通俗的语言来说明，那就是人们口头常说的：“本来是挺好的制度，一到下面，就走样啦！”为什么会“走样”？“走样”以后该怎么办？这正是我们在研究制度创新时要解决的问题。下面，在分析制度变型时，制度变型一词专指贬义的制度变型，即对“制度的走样”而言。

二、制度变型的主要原因

制度变型的主要原因可以从政府行为、企业行为、居民个人行为、市场机制四个方面来进行分析。

（一）从政府行为方面分析

政府行为的非理想化是导致制度变型的主要原因之一。正如前面已经提到的，在作这种分析时，可以把政府在设计制度创新时的行为非理想化撇在一边。我们不妨假定原来的制度设计是较好的，只是在执行过程中走了样。这种制度变型，从政府行为方面来分析，可能与以下三种情形有关。

第一，政府机构组成的不合理，从而在实现某种制度创新时，与此有关的各个政府机构职责不明，相互牵制，甚至各自从原来的制度所赋予的职权范围出发，采取彼此抵消作用的行为。这样，即使原先设计的某种制度创新是较好的，但在实现过程中很难符合预定的要求。对于这种情况，应当从政治体制改革和政府机构调整、精简和职责明确化的角度去着手解决。只要政府机构组成仍然不合理，政府机构相互牵制的现象继续存在，制度创新过程中就难免出现制度变型问题。

第二，政府工作人员的素质与能力不能适应制度创新及其实现的要求。关于这一点，是比较容易理解的。不少事例都表明某些制度之所以变型，就与政府工作人员的素质与能力较差有关：他们或者错误地理解制度创新的意义，或者习惯地用一些不利于实现某项制度创新的手段来处理问题，或者由于能力的限制而把工作做偏了，甚至还有可能利用制度创新而谋取私利，从而导致制度变型。因此，不断提高政府工作人员的素质与能力对于消除制度创新过程中的制度变型是十分必要的。

第三，缺乏配套措施。任何一项制度创新，如果要使它不变型，必须有相应的配套措施。配套措施的作用就在于保证制度创新的实现。然而，并不是在任何情况下都是先有了充分的配套措施，才推出一定的新制度的。于是就会发生制度的变型。那么，政府在设计某项制度创新时，能不能事先就把各种配套的工作做好，使配套措施都生效了，然后再推出新制度呢？从理论上说，这种可能性是存在的。如果真的那样做了，至少从这个角度来看就不容易发生制度变型问题。但在实际生活中，情况要比理论上的假定复杂得多。这是因为，由于政府事先不可能准确地预计到推出新制度之后社会经济的变化、居民行为的变化，以及政府不可能把偶然因素都考虑在内，所以政府在实现某项制度创新时总会感到配套措施之不足，这样，制度的变型仍是有可能发生的。

（二）从企业行为方面分析

经济生活中的各种制度创新都与企业的利益变化有关。企业往往针对某项制度创新，采取一定的对策，以便使自己尽可能在该项制度创新中多得利益，少受损失。假定企业是真正自主经营、自负盈亏的商品生产者，那么它们的行为必然受利益原则支配，受自身的预算的约束，它们的对策也将在衡量利益与损失的基础上被决定和付诸实施。在这种情况下，企业的对策即使有可能超出了法律所容许的范围，但由于企业受利益原则的支配，它们必须考虑违法行为所带来的严重后果，因此它们不得不有所顾忌，在企业行为上有所收敛。自主经营、自负盈亏的企业在利益原则的支配之下，很可能在现行法律、法规所容许的范围内采取一定的对策。但一般说来，这样的企业行为不至于导致制度的变型，因为企业的对策是在现行法律、法规所容许的范围内进行的。

现在，从企业尚未摆脱行政附属物地位的情况来分析。由于企业不负盈亏，或者只负盈、不负亏，所以利益原则对企业行为的约束是有限的，甚至是不存在的。这种情况导致了企业行为的短期化，企业完全有可能不顾后果而采取超出法律容许范围的对策，其结果将是促使制度变型，加剧制度变型。换句话说，所推出的制度的变型是与企业运行机制的不完善与企业行为的短期化密切有关的。当然，这并不意味着一切尚未自主经营、自负盈亏的企业都不会采取法律容许范围内的对策。问题是这些企业如果采取了法律容许范围内的对策，那么也同样不至于导致制度的变型。

在这里还需要说明两个问题：一是，为什么自负盈亏的或不自负盈亏的企业在法律容许范围内所采取的对策不至于引起制度变型？二是，为什么不自负盈亏的企业比自负盈亏的企业较易于超出法律容许的范围来采取对策？

关于第一个问题，可以这样答复：根据前面所给的假设，即“制度变型”专指“制度的走样”，而不包括原来设计的制度创新因不够完善而在实行过程中所作出的必要的修正、补充。如果企业在法律容许的范围内采取了对策，那么这很可能向政府提供了有助于制度创新完善的信息，使政府对制度进行修正、补充。正是从这个意义上说，微观经济单位在法律容许的范围内采取的对策对宏观经济决策部门工作的改进和决策的修正是有益的。这种情况不在我们所讨论的制度变型问题之列。

至于第二个问题，可以这样来考虑，即这个命题之所以能够成立，以政府对一切违法的企业行为有正常的检查、监督、处罚为前提。假定政府对违法的企业行为缺少应有的检查、监督，处理又不严，那么即使是自负盈亏的企业，也会采取超出法律容许范围的对策，促成制度的变型。反之，如果政府对违法的企业行为检查、监督都很得力，处理又严厉，该没收的没收，该惩罚的惩罚，该取消营业执照的就取消营业执照，企业负责人该被判刑的就判刑等等，那么自负盈亏的企业的违法行为就会大大减少，从事违法活动的企业将主要是那些不自负盈亏的、依然处于行政附属物地位的、带有官办性质的企业。制度变型在很大程度上与它们的违法行为有关。

（三）从居民个人行为方面分析

制度的变型基本上不应该归咎于居民。理由是很清楚的，尽管居民个人对任何一项制度创新都会有自己的评价，也都会根据自己的利益与损失而采取趋利避害的对策，但由于单个居民的力量是有限的，居民个人的行为不至于导致制度的变型。与政府自身的行为、企业的行为相比，居民个人的行为在促使制度变型方面所起到的作用要小得多。

然而，这是就一般情况而言的。如果发生了以下两种情况，那么居民个人的行为对制度变型仍能发生较大的影响。

第一，当居民的行为不再以居民个人的单独行为表现出来，而是以居民的群体行为表现出来时，居民行为对制度变型的影响将显著增大。在这种场合，无论居民是作为消费者、生产要素供给者还是作为生活在一定环境中的住户，他们出于自身的利益的考虑，都有可能联合采取行动，使制度发生变型。

第二，即使是居民个人的行为，但如果居民的预期发生重大的变化，或者居民的预期紊乱、预期极不稳定，那么这也会对制度的变型发生较大的影响。这时，居民个人的预期变化、预期紊乱、预期极不稳定等等或者表现于居民的消费行为上，或者表现于居民的储蓄行为上，并通过消费行为和储蓄行为的异常变动而促成制度的变型。要知道，居民个人的单独行为的作用虽然有限，但个人行为的示范效应却是不可忽视的。在示范效应之下，单个居民的异常的消费变动和储蓄变动所造成的社会影响有可能给经济带来动荡，从而导致制度的变型。

（四）从市场机制方面分析

市场机制的不完善是制度变型的另一个重要原因。要知道商品经济中的制度创新的实现，无论从哪个角度来看，都与市场机制有关。比如说，制度创新主体的利益与损失的调整，总是通过市场活动而表现出来的；制度创新所要求的各种经济关系的调整，实际上也就是不同的市场活动参加者在市场中的关系的调整；通过一定的制度创新而准备实现的资源重新配制，即生产要素的重新组合，在商品经济条件下，离开了市场的作用也就无法成为事实，等等。这一切充分说明：市场机制越完善，制度创新越有可能符合预定的目的，反之，市场机制越不完善，制度变型的可能性也就越大。

但从我国现阶段的实际情况来看，市场机制不完善对于制度的变型的影响尤其值得注意。由于市场机制不完善，市场既不可能正确地反映参加市场活动的各方所需要的经济信息，又不可能把经济信息迅速地、完整地传递给各方，这样，即使政府在推出某项新制度以前已经就制度创新后的利益再分配问题进行了充分研究，并作了相应的部署，但只要参加市场活动的各方得不到准确的经济信息和不能由此作出判断，那么它们必然会采取各种对策，从而打乱了政府在推出新制度时所作出的部署。制度创新过程中之所以发生制度的变型，与市场机制的不完善以及由此带来的后果有着不可分开的联系。

此外，市场机制的不完善也表现于交易活动的非公开化、非契约化、非货币化等方面。交易活动的非公开化、非契约化和非货币化造成两个不利于制度创新的结果。

第一，这些现象使政府作为制度创新主体在进行制度创新之前得不到有关交易活动的准确的信息，使政府往往只看到一些表面现象，而忽略了对经济生活有重要影响的各种非分开的、非契约的、非货币的交易行为，从而使得所推出的新制度在实行过程中变型。

第二，由于交易活动的非公开化、非契约化和非货币化，参加市场的各方都会感觉到市场的透明度较低，感觉到市场前景有较大的不确定性，从而导致它们往往采取短期行为，采取本来可以不必采取的预防性措施（如超额购买原材料，超额储存现金，提前购买日用消费品等等），这样也对制度的变型发生作用。

从以上关于政府行为、企业行为、居民个人行为和市场机制的分析可以了解到，要消除制度创新中的制度变型，并不是仅仅依靠制度创新主体原先的正确设计就可以做到的。制度变型的减少和消除，有赖于从政府行为、企业行为、居民个人行为、市场机制等方面共同着手，即不仅需要完善政府机构，提高政府工作人员的素质和能力，推出配套措施，以及使企业成为自负盈亏的商品生产者，而且还需要使市场机制趋于完善，使参加市场活动的各方有较稳定的预期。

三、制度创新规范化的可能性

前面已经说明了导致制度变型的主要原因，并从理论上指出，必须从多方面着手才能减少制度变型的发生或防止制度变型的出现，也就是导致制度创新的规范化。接着，让我们考察这样两个问题：

第一，假定在制度创新过程中已经发生了制度的变型，那么这种被推出的新制度在变型之后还有没有可能通过某种调整而恢复原来的模样？制度创新在扭曲之后返回到预定的轨道上被称做制度创新的复归，或称做制度创新由不规范化到规范化的转变。

第二，假定在制度变型之后通过某种调整而实现了制度创新的复归，那么这是不是意味着制度创新又回到了原来预定的轨道之上呢？

这两个问题是值得注意的。它们表明了制度创新过程的研究很有深入的必要。

应当承认，制度创新的复归，即制度创新由不规范化到规范化的可能性是存在的。制度创新的复归依赖于利益的调节作用。在发生制度变型之后，制度创新主体与受制度创新影响的各方的利益都发生一定的变化，正是这种利益的变化使得制度创新的复归成为可能。至于制度创新复归到什么程度，那就需要根据具体情况才能确定。

现在先考察制度变型之后制度创新复归的三种可能性。

1. 假定所推出的新制度是由于政府机构组成的不当、政府工作人员素质和能力的不足、政府的配套措施跟不上而导致变型的，那么在发生制度变型之后，政府作为制度创新主体的预期利益没有实现，这种情况有可能推动政府在改革政府机构、提高政府工作人员素质和能力、推出配套措施等方面采取相应的措施。通过这种方式而导致的制度创新复归，具有一定可能性。制度创新复归并不意味着制度的自行调整，而是意味着在政府起作用的情况下的制度被调整。

2. 假定所推出的新制度是由于企业的违法行为或居民个人的预期紊乱、预期极不稳定等原因而发生变型的，那么在发生制度变型之后，政府作为制度创新主体，会因为利益的未能实现而采取措施，即一方面通过法制工作的加强，取缔各种违法行为，并促使居民个人的预期趋于稳定；另一方面，在政府认识到企业尚未摆脱行政附属地位的情况是导致制度变型的重要因素之后，它将着手企业制度的改革，使企业早日成为自主经营、自负盈亏的经济实体。这些都有助于制度创新的复归。再从企业与居民个人这方面来说，不管在新制度推出后他们是否采取了可能导致制度变型的对策，只要所推出的新制度仍有使他们的利益增长的可能性，他们同样会促使这些利益得到实现。特别是在政府采取了相应的措施，制止企业违法行为和稳定居民个人的预期的情况下，企业和居民个人出于利益的考虑，也会逐渐减少可能导致制度变型的对策，从而推动制度创新的复归。

3. 假定制度变型主要是由于市场机制不完善而引起的，那么这种条件下的制度创新复归将取决于市场机制的完善程度。由于商品经济发展过程中参加市场活动的各方的共同利益都要求市场机制趋于完善，从而市场机制的趋于完善成为参加市场活动的各方的共同利益所驱动的必然趋势，因此可以认为，利益关系将导致制度创新在变型之后有可能复归。

在这里还需要指出，制造创新复归是就制度变型而言的。如果说制度变型是对于制度创新的不同程度的偏离，那么制度创新复归就是对制度变型的不同程度的纠正，也就是按不同的程度回到制度创新的预定轨道上去。制度创新复归究竟能够复归到什么程度，这固然取决于政府作为制度创新主体的努力程度以及企业和居民个人根据利益原则对于自己所采取的对策的修正程度，同时也与制度变型的程度密切有关。这就是说，如果新制度推出以后，虽然发生了制度的变型，但偏离制度创新的程度较小，那么制度创新的复归也就较为容易。反之，制度变型越厉害，即偏离制度创新的程度越大，制度创新的复归也就越难。换言之，并非任何一种制度变型都有可能向制度创新的原来预定的轨道复归。有时，制度变型过大，制度创新复归也就失去了可能性。这种情况下就需要有另一次制度创新，即不再寄希望于制度创新的复归，干脆从头开始，另外推出一种新的制度。

再说，即使制度创新复归了，它也不一定返回到预定的制度创新轨道之上。制度创新的复归只是意味着对制度变型的某种程度的纠正。举一个例子来说，这就好像钟摆一样，当钟摆向某一侧摆动之后，它可以再摆回来，但不一定摆回原地，而只是偏离原地的幅度小些而已。那么，为什么它不一定回到原地呢？为什么制度创新复归不可能把制度变型所造成的偏离完全消除呢？这正说明了市场活动以及企业行为、居民个人行为的特点。

从市场活动来说，要知道，市场机制的不完善是普遍的，我们所遇到的都是不完善程度不同的市场，如果说市场正在趋于完善，那无非是说市场的不完善程度有所减轻。因此，不管制度创新主体与受制度创新影响的各方在制度变型之后如何根据利益关系的变化而调整了各自的行为，制度创新的复归总要受到市场的不完善性的限制，而不可能使制度变型的程度完全消失。制度创新复归的局限性也正反映于此。

从企业行为、居民个人行为来说，这些行为的惯性作用是不可忽视的。当企业和居民个人已经根据自己的利益与损失的考虑而导致制度发生变型之后，企业和居民个人的行为就会产生某种惯性，比如说，企业超额储存原材料的行为、居民个人的消费行为和储蓄行为的变化等等，在一经开始之后，不是很快就能被扭转过来的，而由此对经济生活发生的影响，也会有一个继续存在的阶段，即通常需要一段时间才能使之消失。这些也限定了制度创新的复归程度。

总之，对制度创新复归及其可能性的探讨有助于我们进一步了解制度创新的特点。在研究与商品经济新秩序建立有关的制度创新时，以及在研究若干新制度、新措施在实现过程中变型程度有可能先增大、后缩小之类的现象时，都涉及制度创新复归问题。因此，这些探讨是有意义的。当然，这里的探讨仍然只是初步。如果要想把制度变型与制度创新复归之间的关系讲清楚，那就需要结合每一项具体的新制度、新措施来进行分析。但总的趋势始终是明确的。这就是：在从产品经济体制向商品经济体制转变的过程中，在政府作为制度创新主体发挥其应有的作用的条件下，既有制度变型，也会有某种程度的制度创新复归，二者并不矛盾。

四、制度创新后的相对稳定

制度创新实现以后，在一定的时期内可以保持制度的相对稳定。这种制度创新后的相对稳定也被称做“制度均衡”。这是指：制度创新主体原来希望通过制度创新而实现的利益关系的调整这一目的已经达到了，如果继续改变这种制度，再推出新的制度，那么利益关系的再调整不可能使得制度创新主体得到追加的利益，从而参加市场活动的各方中的任何一方都认为没有必要去从事制度创新，这样，制度创新以后的相对稳定局面就会来到。

那么，这种制度创新以后的相对稳定局面究竟会保持多久呢？在什么情形之下会打破这种相对稳定局面，又开始新的制度创新呢？这取决于客观条件和主观条件的变化，以及由于这些变化而引起的利益关系再调整的可能性。从客观条件来分析，经济形势的变化、生产技术条件的变化、市场环境的变化等等都可能提供新的制度创新前景，使参加市场活动的某一方在制度创新的新格局中有获得追加利益的机会。从主观条件来分析，参加市场活动的某一方作为制度创新主体，如果已经掌握了客观条件变化的足够的信息，已经了解到进行新的制度创新可能引起的利益关系的调整以及这种调整对于整个经济的有利性和对于制度创新主体自身的有利性，并且已经具有可供操作的制度创新方案了，那么制度创新的主观条件也已成熟。当主客观条件都成熟时，原来的制度创新以后的相对稳定局面便被打破，一轮新的制度创新就开始了。[①]

---

① 参看厉以宁编译：《制度创新理论的产生和发展》，载《国外经济学评介》第二辑，上海人民出版社，1982 年版，第 64 ~ 124 页。

从纯理论的角度来看，以上关于“制度创新——制度创新后的相对稳定——新的制度创新”的过程分析是有根据的，而且也符合于制度创新的总的趋势。问题是在从产品经济体制向商品经济体制转变的过程中，客观条件的变化是相当快的。在制度创新实现以后，很难保持一段较长时间的相对稳定局面，有时，一个制度创新刚实现，新的制度创新的要求就被提出来了。另一方面，在从产品经济体制向商品经济体制转变的过程中，为建立商品经济秩序而有待于创新的制度不止一种，同一时间内正在着手的就有好些项（比如说，有企业制度方面的、金融制度方面的、财政制度方面的、劳动工资制度方面的、社会保障制度方面的，等等）。各个不同领域内的制度创新相互影响。即使在某一时间内实现了某一方面的某项制度创新，但只要其他方面的制度创新仍在继续进行，那就很难使得某一方面制度创新以后出现较长时间的相对稳定局面，或者说，即使形成了这种相对稳定局面，那么它也是很快就会被打破的。道理很简单，所有这些制度创新都是配套的，某一方面的制度创新只不过是整个制度创新体系的一个组成部分，因此不仅难以形成整个制度创新体系实现以后的相对稳定，甚至个别制度创新以后的相对稳定也只能是短暂的。如果我们再把前面已经讨论过的制度变型、制度创新复归等情况考虑在内，那么制度创新以后相对稳定的短暂性就更好理解了。

当然。这并不是否认制度创新以后出现相对稳定局面的可能性，也不是说必须在某一方面不间断地进行制度创新，即刚刚实现了某一方面的某项制度创新，就立即准备推出又一轮新的制度创新。这样做，既没有可能，也没有必要，假定硬要如此，那只可能造成更多的制度变型，对制度创新主体和对参加市场活动的各方都没有好处。我们在这里之所以提出制度创新以后相对稳定的短暂性问题，主要是考虑到以下两点：

第一，认识了这种相对稳定的短暂性，对于各个方面的制度创新的协调、配套的意义也将有进一步的认识。不能认为在某一方面已经实行了制度创新，就有可能使这种新的制度长期维持下来。对制度创新的整体性和协调性的认识，有助于了解某一个个别领域内的制度创新是不能脱离其他一系列制度创新而起到其应有的作用的。从产品经济体制向商品经济体制的转变，取决于整个制度创新体系的成就，而并非仅仅依赖于某一项或少数几项制度创新的实现。在建立商品经济秩序的过程中，对制度创新，应当树立动态的观点，而不应当静止地看待这些创新。

第二，了解到这种相对稳定的短暂性，对于每一项具体的制度创新，都应当持有这样的看法，即一方面不能在一开始时就要求其尽善尽美，甚至为了求其尽善尽美而推迟出台的时机，另一方面不能寄希望于一劳永逸，以为只要推出了某项新的制度，就可以使之长期存在而不必再修正、补充、完善了。科学的态度是：在时机已经成熟时就推出某项制度创新，而不必要求新制度是完美无缺的；在新制度被推出后，对于它的短暂的相对稳定性有所认识，从而随着经济改革的进展，根据其他相关的制度创新的实现情况，及时修正它、补充它、完善它。

这样，对于制度创新以后相对稳定的认识就是全面的、有利于商品经济秩序建立的。